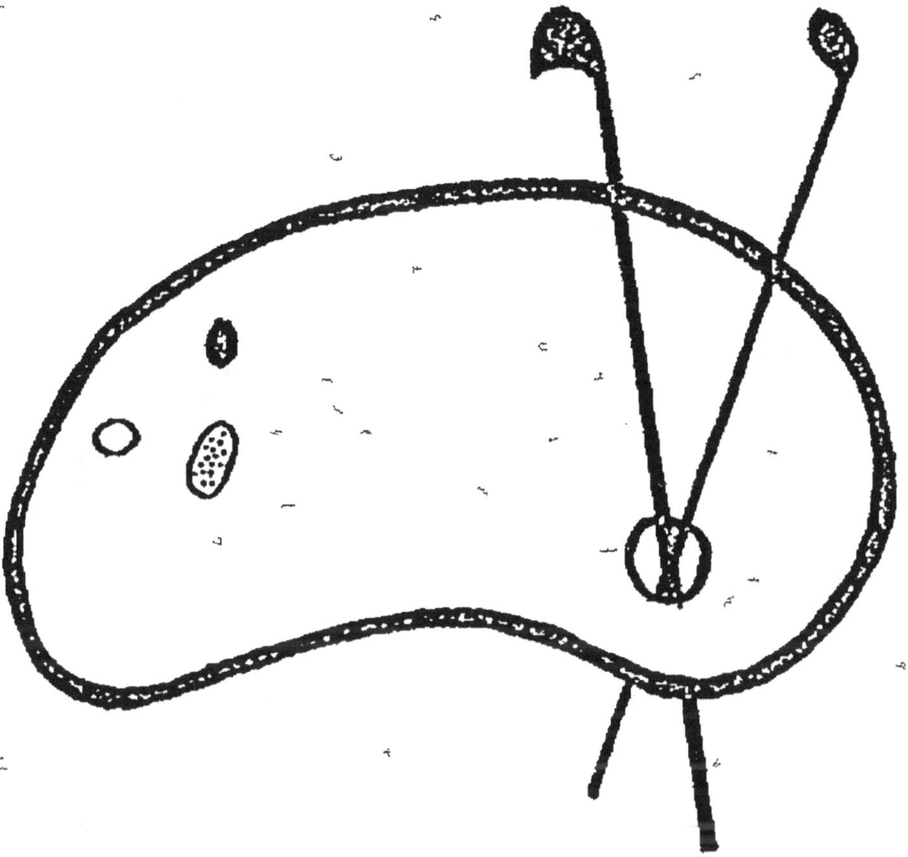

COUVERTURE SUPERIEURE ET INFERIEURE
EN COULEUR

PRIX: 2,50

COURS D'ÉDUCATION ET D'INSTRUCTION
PREMIÈRE ANNÉE PRÉPARATOIRE

MANUEL DES MAITRES

COMPRENANT

L'EXPOSÉ DES PRINCIPES DE LA PÉDAGOGIE NATURELLE
ET LE GUIDE PRATIQUE DE LA PREMIÈRE ANNÉE PRÉPARATOIRE

PAR

Mme MARIE PAPE-CARPANTIER

AVEC LA COLLABORATION DE PROFESSEURS DE LETTRES ET DE SCIENCES

CINQUIÈME ÉDITION

PARIS
LIBRAIRIE HACHETTE ET Cie
79, BOULEVARD SAINT-GERMAIN, 79
—
1887

COURS D'ÉDUCATION ET D'INSTRUCTION
PAR Mme PAPE-CARPANTIER
A L'USAGE DES ÉCOLES ET DES FAMILLES

Les volumes de ce Cours sont imprimés dans le format grand in-18, contiennent des vignettes intercalées dans le texte et se vendent cartonnés.

CE COURS COMPREND DEUX ANNÉES PRÉPARATOIRES
UNE PÉRIODE ÉLÉMENTAIRE ET UNE PÉRIODE MOYENNE

1re ANNÉE PRÉPARATOIRE
(de 5 à 7 ans)

Manuel des maîtres, comprenant : l'exposé des principes de la pédagogie naturelle et le guide de la première année. 2 fr. 50

Enseignement de la lecture, à l'aide du procédé phonomimique de M. Grosselin. 50 c.

Tableaux (30) reproduisant la méthode. 3 fr.

Petites lectures morales ; premières notions de grammaire. 50 c.

Premières notions d'arithmétique, de géométrie et du système métrique. 50 c.

Premières notions de géographie et d'histoire naturelle. 75 c.

2e ANNÉE PRÉPARATOIRE
(de 7 à 8 ans)

Manuel des maîtres, comprenant : l'application des principes pédagogiques et le guide pratique de la deuxième année. 2 fr. 50

Lectures morales et instructives ; grammaire. 1 vol. 1 fr.

Arithmétique ; géométrie ; système métrique. 1 fr.

Géographie ; premières notions sur quelques phénomènes naturels. 75 c.

Histoire naturelle ; leçons préparatoires à l'étude de l'hygiène. 1 fr.

PÉRIODE ÉLÉMENTAIRE
(de 8 à 10 ans)

Manuel des maîtres, guide pratique de la période élémentaire. 2 fr. 50

Grammaire, accompagnée d'exercices ; lectures et dictées. 1 fr. 50

Arithmétique ; géométrie ; système métrique. 1 fr. 50

Premiers éléments de cosmographie ; géographie. 1 vol. 1 fr. 50

Histoire naturelle. 1 fr. 50

Premières notions d'hygiène, de physique et de chimie. 1 fr.

PÉRIODE MOYENNE
(de 10 à 12 ans)

Grammaire, accompagnée de dictées-exercices. 1 fr. 50

Éléments de cosmographie ; géographie de l'Europe. 2 fr. 50

Hygiène ; physique et chimie. 2 fr.

Arithmétique ; système métrique ; géométrie ; dessin. 2 fr.

15442. — Imprimerie A. Lahure, rue de Fleurus, 9, à Paris.

MANUEL
DES MAITRES

PREMIÈRE ANNÉE PRÉPARATOIRE

AUTRES OUVRAGES DE Mme PAPE-CARPANTIER

Zoologie, *histoires et leçons explicatives* destinées aux écoles, aux salles d'asile et aux familles ; nouvelle édition, illustrée de nombreuses gravures, 5 volumes grand in-18, brochés :
> Les trois premiers volumes se vendent 1 franc 25 centimes chacun ; le 4e volume, 1 fr. 50 c. et le 5e volume, 2 francs.
> Une série de 10 grandes images en chromolithographie correspond à chaque volume et se vend 5 francs.

Histoire du blé, *histoires et leçons explicatives*; 3e édition. 1 vol. grand in-18, avec 62 gravures dans le texte, cartonné, 1 fr.
> Six grandes images en chromolithographie correspondent à ce volume et se vendent 3 fr. 50 c.

Histoires et leçons de choses, pour les enfants ; nouvelle édition. 1 volume in-16, avec 85 gravures dans le texte, broché, 2 fr. 25 c.
> Ouvrage couronné par l'Académie française.

Nouvelles histoires et leçons de choses, pour les enfants. Ouvrage faisant suite au précédent. 1 volume in-16, avec 30 gravures, broché, 2 fr.

Lectures et travail, pour les enfants et les mères ; 4e édition. 1 vol. in-16, avec 124 gravures dans le texte, cartonné, 1 fr. 25 c.
> Ouvrage couronné par la Société pour l'instruction élémentaire.

Conseils sur la direction des salles d'asile ; 5e édition. 1 vol. grand in-18, broché, 1 fr. 50 c.
> Ouvrage couronné par l'Académie française.

Enseignement pratique dans les salles d'asile, ou premières leçons à donner aux petits enfants, suivies de chansons et de jeux pour les récréations de l'enfance ; 7e édition. 1 vol. in-8, avec planches, broché, 6 fr.
> Ouvrage couronné par l'Académie française.

Jeux gymnastiques, avec chants, pour les enfants des écoles maternelles ; 4e édit. 1 vol. in-8, avec musique et gravures, 2 fr.

Nouveau syllabaire des écoles maternelles. 32 tableaux de 50 centimètres de hauteur sur 32 centimètres de largeur, avec un Manuel grand in-18, 3 fr. 50 c.
> Le collage des 32 tableaux sur 16 cartons se paye en sus, 4 fr.
> On vend séparément : Chacun des 32 tableaux, 15 centimes. — Le Manuel, contenant la matière des 32 tableaux reproduits dans le format grand in-18, 25 centimes.

Le dessin expliqué par la nature: 2e édition. 1 volume in-16, avec 59 figures dans le texte, broché, 2 fr. 50 c.

15442 — Imprimerie A. Lahure, rue de Fleurus, 9, à Paris.

COURS D'ÉDUCATION ET D'INSTRUCTION
PREMIÈRE ANNÉE PRÉPARATOIRE

MANUEL
DES MAITRES

COMPRENANT

L'EXPOSÉ DES PRINCIPES DE LA PÉDAGOGIE NATURELLE

ET LE GUIDE PRATIQUE DE LA PREMIÈRE ANNÉE PRÉPARATOIRE

PAR

Mme MARIE PAPE-CARPANTIER

AVEC LA COLLABORATION

de M. et de Mme CH. DELON

CINQUIÈME ÉDITION

PARIS
LIBRAIRIE HACHETTE ET Cie
79, BOULEVARD SAINT-GERMAIN, 79

1887

AVANT-PROPOS.

Un des progrès les plus importants que notre époque voit s'accomplir, c'est l'extension donnée à l'éducation des femmes. Cette grave question, si longtemps reléguée à l'arrière-plan des préoccupations publiques, s'est enfin posée au grand jour. L'idée d'une amélioration devenue indispensable a pénétré dans les esprits, et commence à se réaliser. On ne demande plus s'il faut qu'une femme soit instruite, ou s'il ne vaut pas mieux la laisser dans son ancienne et lamentable ignorance : cette partie de la question est résolue. Il ne s'agit plus que de savoir quelle direction et quelle étendue il convient de donner à l'instruction des femmes, et particulièrement à l'instruction primaire des jeunes filles.

Ce sujet mérite toute notre attention ; nous allons consacrer quelques lignes à l'examiner.

La femme n'est pas un être d'une autre nature que l'homme; elle possède les mêmes facultés ; elle sent et comprend tout ce qu'il peut sentir et comprendre. Elle a la même origine et la même fin; elle souffre et espère comme lui; elle a, comme lui, des devoirs et des droits. C'est pourquoi ce que nous allons dire touchant les principes généraux de la méthode en éducation, est vrai de l'*être humain*, sans distinction de sexe.

Cependant les différences d'organisation et de tempérament amènent certaines dispositions spéciales, certaines aptitudes qu'il serait dangereux ne pas reconnaître. L'équilibre des facultés est de constitué d'une autre manière chez la femme que chez l'homme, et ses goûts, ses besoins même, sont en rapport avec la mission spéciale qu'elle doit remplir dans la famille et dans la société. Il est donc nécessaire que l'éducation, en développant les facultés communes aux deux sexes, soit en harmonie avec les dispositions spéciales de chacun d'eux. Cela ne constitue pas deux enseignements, remarquez-le bien : l'enseignement est un, comme la vérité qu'il met en lumière. Mais la forme, les détails, la proportion relative des divers éléments de l'instruction, devront être modifiés par l'instituteur pour les garçons, et par l'institutrice pour les filles.

A tort ou à raison on ne demande pas aux femmes d'approfondir les théories abstraites de la science. Elles-mêmes en ont généralement peu le goût. L'ensemble des choses, la *synthèse*, les applications pratiques, voilà ce dont elles se préoccupent le plus. On peut leur donner des connaissances étendues et solides sans exiger d'elles des efforts qui, d'ailleurs, ne sont fructueux que lorsqu'ils sont soutenus par une vocation puissante libre. Que toutes les femmes soient sérieusement instruites, et les *savantes* se trouveront par surcroît. Les vrais savants sont rares, même parmi les hommes ; et cela prouve qu'on ne les fait point : ils se font eux-mêmes.

Dans les premières années de la vie, le caractère du petit garçon et celui de la petite fille ne se distinguent encore que par des nuances, et les mêmes études conviennent parfaitement à l'un et à l'autre. C'est seulement lorsque les aptitudes particulières à chaque sexe se prononcent qu'il devient nécessaire de modifier l'enseignement.

Une autre considération très sérieuse doit nous déterminer à prolonger cette association intellectuelle des études entre le jeune garçon et la jeune fille, aussi longtemps qu'elle est possible ; et même dans la suite, à ne pas outrer les différences. Sans doute il faut suivre la nature quand elle manifeste des aptitudes et des penchants divers ; mais il faut s'abstenir de les exagérer, de peur de créer un *antagonisme* véritable là où Dieu n'a voulu qu'une harmonieuse *diversité*. Ne soyons ni plus extrêmes ni plus pressés que la nature : elle a ordonné que les instincts les plus tranchés sommeillassent pendant l'enfance ; ne commettons point la faute de les provoquer avant l'heure par des mesures prématurées, et dès lors imprudentes.

L'habitude déplorable que nous ont transmise les temps barbares, d'établir une ligne de démarcation entre un frère et une sœur encore bercés sur les genoux de leur mère, a pour résultat inévitable de faire dégénérer chez le petit garçon la force en rudesse; et chez la petite fille la grâce en frivolité. Ne vaut-il pas mieux profiter des heureuses et pures années de l'enfance, pour laisser associées ces petites âmes que Dieu a fait naître au même foyer, ces jeunes esprits que les mêmes goûts rassemblent encore; et faire contracter dans cette douce intimité, sous l'œil de la mère ou de l'institutrice, plus de douceur à l'un, plus de fermeté à l'autre, plus d'estime et de bienveillance réciproques, plus d'union, enfin, entre les hommes et les femmes que n'en présente hélas! la vie telle que nous la voyons?

Un grand intérêt d'avenir est contenu dans cette simple question.

MANUEL DES MAÎTRES.

PREMIÈRE PARTIE.
PÉDAGOGIE.

I
DE L'ÉDUCATION
CONSIDÉRÉE DANS SON ENSEMBLE.

CHAPITRE PREMIER.
EXPOSÉ DES PRINCIPES.

I. Nécessité de fixer le point de départ.

Nous consacrons les premières pages de ce livre à l'exposé des vérités fondamentales en matière d'éducation, parce que, pour bien s'entendre dès le début, il faut remonter aux principes, et prévenir toute obscurité, toute incertitude sur le point de vue où l'on se place et le but où l'on tend. Si tant de doutes se rencontrent dans les âmes les plus sincères, tant de divergences d'opinion dans les esprits les mieux intentionnés, c'est souvent faute d'avoir pris cette mesure essentielle. Pour ne parler ici que du sujet qui nous occupe, il faut reconnaître que la plupart des maîtres et maîtresses emploient toute leur intelligence, toute leur bonne volonté à l'application des méthodes et des procédés qui leur ont été transmis, sans les avoir soumis d'abord à leur examen personnel. Ils usent ainsi leur zèle dans le détail sans embrasser l'ensemble. De là pour eux bien des tâtonnements, bien des erreurs, bien des forces dépensées en vain.

Ces incertitudes, ces malentendus cesseraient, si les maîtres se mettaient une fois pour toutes au courant des vérités premières, indispensables pour former leur conviction. Malheureusement cette manière de procéder n'est pas dans nos habitudes. On accepte la *théorie* dans l'application, où elle ne devrait pas être ; et on la craint dans les principes où est sa véritable place. On ne réfléchit pas qu'en éducation les théories sont de simples vérités de sens commun, découvertes, formulées, et rendues accessibles aux intelligences ; qu'en éducation, la simplicité, la clarté sont au point de départ, tandis que les complications, les difficultés s'il y en a, sont à l'autre extrémité, dans la multiplicité des détails.

Débarrassons-nous donc de ces vaines appréhensions ; allons résolûment à la recherche des vérités pédagogiques qui doivent éclairer notre marche ; et tâchons de les rendre si lumineuses, qu'elles nous permettent d'embrasser l'éducation à la fois dans son ensemble et dans ses plus minutieux détails.

II. Du développement naturel de l'être.

L'homme a reçu de Dieu une âme douée de facultés aimantes et intellectuelles ; un organisme, c'est-à-dire un ensemble d'organes, et des instincts, dont la fonction collective est de veiller à la conservation de la vie. Dans l'harmonie de l'être humain tout a sa raison d'être, son rôle, sa loi : Dieu n'a rien fait d'inutile. Une âme à laquelle manquerait une seule de ses facultés serait comme un corps à qui manquerait un membre ou un sens : il en serait de même de l'être chez lequel un des instincts qui président aux fonctions de la vie aurait péri. Toutes ces puissances, *organes, instincts, facultés*, sont liées entre elles suivant un ordre merveilleux, correspondent les unes aux autres, agissent et réagissent les unes sur les autres d'une manière manifeste et inévitable. L'intelligence et l'instinct ont besoin de tous les organes, comme les organes eux-mêmes ont besoin d'être stimulés par l'instinct et dirigés par l'intelligence.

Considérez un homme à qui il manque un sens : un aveugle de naissance par exemple. Par cela seul qu'il est privé de la vue, son intelligence est privée des facultés qui correspondent à ce sens, et des notions qu'elle devait acquérir par son intermédiaire. Les idées de couleur, de lumière, et toutes celles qui s'y rattachent, manquent fatalement à l'aveugle. Il existe une lacune dans son intelligence comme dans son corps.

C'est un être incomplet. Pour que l'homme soit dans l'ordre, capable de bien comprendre et de bien remplir tous les devoirs de sa destinée, il faut qu'il jouisse de toutes les facultés humaines. Déprimer en lui une faculté, anéantir un instinct, serait un acte déraisonnable, un acte impie, qui porterait atteinte à l'œuvre de Dieu dans son intégrité et dans son harmonie.

Non-seulement rien ne doit faire défaut dans l'homme, mais tout doit être à sa place, dans son rôle et sa mesure. Quand toutes les fonctions du corps s'accomplissent avec ordre, quand aucun organe n'est blessé ou languissant, quand aucun ne prédomine au détriment des autres, on dit que le corps possède la santé. Il doit en être de même dans un ordre supérieur : les facultés doivent s'exercer avec ensemble et proportion ; de même que les instincts doivent remplir chacun son rôle, sans qu'aucun s'exalte outre mesure. S'il en est autrement l'équilibre est rompu, il y a perturbation, désordre. L'âme devient alors plus ou moins infirme ou malade, comme un corps dont les fonctions sont plus ou moins altérées.

Ces considérations sont à la fois élémentaires et essentielles. Ce sont des vérités que l'expérience a rendues évidentes et claires comme le jour, à ce point qu'il suffit de les énoncer pour les faire comprendre. Nous pouvons donc nous appuyer sur elles, sans crainte de voir l'édifice manquer par la base.

Toutes les facultés que l'homme doit un jour posséder dans leur plénitude existent en germe chez l'enfant ; elles commencent à se manifester, pour un œil attentif, dès qu'apparaissent les premières lueurs de l'intelligence. Elles s'étendent et s'agrandissent à mesure que les organes prennent, eux aussi, leur développement. Les instincts se manifestent avant l'intelligence, mais avec l'âge ils se régularisent, sous l'empire du devoir, de la raison et de l'habitude.

Cet épanouissement de l'être doit s'accomplir sans contrainte, sans secousse, avec ensemble et gradation. La nature y a pourvu, en se chargeant elle-même de la première éducation de l'enfant. Ses procédés sont bien simples : elle met l'être qui s'éveille en présence des objets divers dont nous sommes entourés, et en contact avec ses semblables. Elle lui inculque ainsi la notion des choses par le simple exercice de ses sens. A mesure que l'enfant grandit, ses perceptions devenant plus nettes, les notions qu'il acquiert sont plus précises ; son jugement commence à les comparer, et bientôt son imagination se plaira à les combiner dans un ordre nouveau. Après avoir observé et imité il deviendra lui-même créateur.

Enfin son attention est appelée sur lui-même, sa conscience s'éveille ; et vous voyez s'en dégager chaque jour les manifestations évidentes : sentiment du devoir, de la justice, de l'honnêteté. A partir de ce moment, l'enfant est dans la voie qui doit le conduire à la vertu et au bonheur.

III. Du rôle de l'éducation.

Qu'est-ce donc que l'éducation ? Quelle est sa mission, et comment doit-elle intervenir ?

L'éducation a pour but de seconder l'enfant dans

son développement naturel, de le soutenir dans ses intermittences, de le diriger au milieu des dangers qui l'entourent ; de lui interpréter au besoin des enseignements que la nature et le monde lui donnent à l'improviste ; car l'homme saurait bien peu de choses s'il en était réduit à son expérience personnelle. Il a besoin de communiquer avec ses semblables, d'être enseigné par eux : telle est la volonté de Dieu qui a fait l'homme *sociable*.

Ainsi, coopérer à l'œuvre de la nature, l'étendre, la rectifier quand elle dévie, telle est la tâche de l'éducateur. Cette tâche impose une responsabilité bien grande ; elle demande un discernement éclairé, et un dévouement à toute épreuve. Cependant, si on demande par quels moyens l'éducateur pourra remplir cette mission, le simple bon sens nous suffira pour répondre.

Peut on coopérer à une œuvre quelconque en employant des moyens arbitraires, sans se préoccuper de savoir s'ils conduisent au but que cette œuvre doit atteindre ? Est-ce en apportant des vues, des systèmes, notoirement contraires à la nature des choses sur lesquelles on se propose d'agir ? Évidemment non. C'est en s'unissant d'intention avec le créateur de l'œuvre à parfaire, en entrant soi-même dans son plan, en se conformant à ses vues, clairement démontrées par ses procédés. Agir autrement dans une entreprise purement humaine, serait inconsidéré et dangereux ; quand il s'agit de coopérer à l'œuvre divine, ce serait une témérité fatale !

Les moyens de l'éducation doivent donc être rigoureusement conformes aux lois générales du développement de l'enfant, pour l'aider d'une manière normale et fructueuse à atteindre à l'entière puissance de son être. Ils doivent seconder la nature et imiter ses procédés ; tel est le grand et fécond principe de toute méthode vraiment digne de ce nom.

Avant d'aller plus loin, disons que ces procédés si variés dans leurs applications, se réduisent, au fond, à un moyen général que la nature met, sous mille formes différentes, à la disposition de l'éducateur. Ce moyen, c'est l'exercice.

C'est par l'exercice que les organes se perfectionnent ; c'est par l'exercice que les aptitudes se fortifient. En un mot, les diverses facultés du corps et de l'intelligence n'ont, pour augmenter leur puissance et leur étendue, d'autre moyen que l'exercice. L'activité engendre l'activité.

Nous n'insistons pas ici sur cette grande loi ; mais nous en tirerons bientôt les plus importantes conséquences.

IV. De la culture des facultés et des instincts.

Puisque le développement de l'enfant comprend la culture des organes, des instincts et des facultés, nous pouvons dire qu'il y a trois éducations à faire dans une seule. Dans *une seule*, disons-nous, car il ne faut jamais perdre de vue l'unité de l'être.

Mais comme il s'agit ici d'une étude approfondie des questions, nous sommes obligés de considérer à part chaque ordre de fonctions et de facultés. Nous chercherons, tout d'abord, comment l'éducation doit concourir au développement de l'organisme et des instincts, c'est-à-dire de l'existence physique de l'enfant.

La nature a voulu que le premier âge de la vie, cette période que nous nommons l'enfance, fût précisément consacrée au développement des organes; elle l'a voulu avec une telle énergie, qu'elle a pris soin d'y veiller elle-même, et ne s'en est démise en faveur de personne. Elle ne nous demande que de la seconder. Elle nous demande surtout, elle nous demande en grâce, de la laisser agir, de ne pas l'entraver.

Et comment procède-t-elle? A chaque fonction physiologique elle attache un instinct spécial, chargé de provoquer l'exercice de cette fonction : ainsi, l'enfant dès en naissant sait déjà chercher le sein de sa mère. La nature a voulu que les instincts fussent énergiques, impérieux, prépondérants même, afin que leurs avertissements fussent mieux écoutés, mieux compris. Pour que l'enfant prît soin d'exercer ses membres autant qu'il est nécessaire à leur accroissement, elle lui a donné l'instinct du mouvement, ce besoin de remuer incessant, invincible. Si l'enfant aime le mouvement, c'est que dans l'immobilité il souffre. Remuer est pour lui un bonheur, une ivresse, parce que c'est la satisfaction donnée à un besoin! Le but, il ne le voit pas, mais peu importe, la nature le voit, et sait ce qu'elle fait pour y atteindre.

Afin d'exercer ses sens à percevoir les notions du dehors, l'enfant a reçu l'instinct de la curiosité, l'attrait des sensations nouvelles, le désir de voir, d'entendre, de toucher, de s'emparer des objets, de les observer de mille manières, fût-ce en les brisant! Et de crainte que l'habitude venant à s'en mêler, l'enfant n'exerçât trop exclusivement certaines facultés en laissant sommeiller les autres, il a été doué de la *mobilité,* du besoin de changement, qui lui interdit une concentration préjudiciable à son frêle cerveau. Oh! la nature, qu'elle porte bien l'empreinte de la sagesse suprême! Dans un monde où le bonheur de l'homme est exposé à tant de dangers, elle a voulu que l'enfant fût heureux, et de peur que son épanouissement ne se trouvât altéré par les chagrins qui nous atteignent, elle a défendu aux soucis et aux longues douleurs d'aller jusqu'au cœur de l'enfant : elle lui a généreusement départi, sinon l'insouciance, du moins le prompt oubli et la gaieté.

Les vues et les intentions de l'Ordonnateur suprême, rendues visibles dans l'économie de la nature, sont donc la condamnation sans appel de ce terrible système de *culture intensive,* d'études à outrance, auquel une sollicitude irréfléchie, ou un entraînement déplorable, soumet les enfants dès l'âge le plus tendre, et alors que leurs fragiles organes sont incapables de supporter une pareille tension. Qu'arrive-t-il de ces éducations poussées contre le vœu de la nature? Hélas! de douloureuses expériences sont là pour répondre : il arrive que toutes les fonctions physiologiques s'affaiblissent, et que si la vie résiste quelquefois, la constitution s'altère pour toujours.

Mais la santé du corps est-elle du moins seule compromise? Qu'on veuille bien se rappeler ce que nous avons dit quelques pages plus haut : un organisme ne peut être gravement affecté dans l'une ou l'autre de ses parties, sans que les facultés intellectuelles et morales s'en ressentent plus ou moins. Ainsi le désordre des fonctions et des facultés, l'état maladif du corps et de l'esprit, tels sont les fruits inévitables du travail intellectuel excessif. Et cela, pour la vie!...

Ces faits si regrettables sont rares, dira-t-on peut-être; nous répondrons, les mains pleines d'exemples lamentables : moins rares qu'on ne le croit. Et ce n'est pas seulement dans les classes élevées que le régime dont nous parlons est funeste; nous verrons bientôt que même dans les modestes limites de l'instruction primaire, on peut encore, par un zèle mal entendu, porter atteinte au développement physique et moral de l'enfant.

A tous les degrés de l'éducation, il faut observer et respecter la nature. Il faut que les encouragements du maître, l'entraînement de chants bien rhythmés, stimulent à l'action les enfants étiolés ou languissants, qui se rencontrent surtout parmi les populations pauvres et manufacturières. Nous voudrions voir, aux heures de récréation, ces enfants excités au mouvement par le grand air, l'espace, les jeux. Ce sera d'autant plus nécessaire qu'on voudra exiger des élèves aux heures de travail, plus d'attention et de recueillement[1].

1. Des exercices gymnastiques ont déjà été établis régulièrement dans les lycées et dans les écoles de garçons. Il serait à souhaiter qu'on organisât aussi, dans les pensionnats et les écoles

Quant aux enfants chez lesquels une puissante constitution ou des habitudes vagabondes ont développé outre mesure le besoin de mouvement, ils se trouveront contenus par la règle et les exercices d'ensemble. Cette même règle qui sera l'éperon pour les premiers, sera le frein pour les seconds. Ainsi, dans une machine savante, le balancier active et régularise tous les ressorts.

Le besoin incessant de mouvement, la légèreté et la mobilité de leur esprit, sont choses qu'on entend généralement reprocher aux enfants. Cela vient de ce qu'on ne se rend pas compte de la cause naturelle de ces dispositions, qui souvent nous causent, à nous, de la gêne. Nous voulons appliquer aux enfants des procédés et une discipline contraires à leurs besoins; et nous ne comprenons pas que leur résistance est un avertissement de la nature ! C'est l'instinct de conservation de l'enfant qui se dresse devant nous, et nous marque la limite que nous ne devons pas franchir. Si on s'obstine, si on traite cet instinct en ennemi, si on essaye de le comprimer, de le réduire, de le briser..., on ne brise que soi-même et ses propres moyens. On ne réussit pas dans cette folle guerre contre les lois de la nature : ou malheur à qui réussit ! à qui ose assumer sur soi les conséquences d'un si coupable succès !

L'hygiène pédagogique est donc une des connaissances indispensables que le maître ou la maîtresse doit

de filles, des exercices appropriés à la constitution des enfants, et dirigés avec la discrétion et la mesure convenable, par une maîtresse ayant les connaissances spéciales qu'exige cette fonction.

posséder à fond. Nous regrettons vivement qu'il ne nous soit pas permis de développer ici cet important sujet. Nous redirons seulement que l'enfant doit être préservé de l'immobilité prolongée, et des excès de travail mental. Nous répéterons que l'air vif et pur, la lumière à grands flots, sont pour lui une nécessité au même titre qu'une nourriture saine et abondante. Il serait désirable que la sollicitude éclairée et discrète des maîtres et maîtresses pût s'étendre jusque sur la nourriture de leurs élèves; ils peuvent du moins y veiller quand l'enfant prend son repas à l'école; et, à l'occasion, donner aux parents quelques utiles avis.

Quant à la propreté, avec quel soin vigilant elle doit être entretenue sur le corps et les vêtements des enfants, et dans les lieux qu'il habitent! La propreté est indispensable non-seulement au point de vue de la santé, mais au point de vue de la moralité. L'enfant tenu proprement se respecte. Il y a plus de rapports qu'on ne le pense entre la pureté physique et la pureté morale.

L'enfant devrait vivre au sein d'impressions fraîches et douces; les objets qui l'entourent à l'école devraient être gracieux et riants; que du moins ils soient propres et convenables. Le séjour dans certaines classes sombres, aux murs nus et souillés, où tout est terne et affligeant pour l'œil, suffit pour causer aux enfants un ennui *physique* qui peut aller jusqu'à la maladie : ceci est prouvé par la *science*.

L'impossibilité absolue d'offrir aux enfants des locaux et des conditions hygiéniques, pourrait seule excuser les administrations très pauvres. Les maîtres, dans ce cas, devraient s'appliquer à atténuer le mal à force de propreté, de fleurs, et par tous les moyens que leur intelligence et leur dévouement ne manqueraient pas de leur suggérer.

V. De la culture des facultés.

La culture des facultés intellectuelles, désignée plus spécialement sous le nom d'instruction, est sans contredit la part de l'éducation qui réclame des maîtres et maîtresses l'intervention la plus soutenue. C'est donc ici surtout qu'il importe de nous entendre, de nous mettre d'accord sur les principes essentiels, d'après lesquels nous aurons à nous diriger dans la pratique.

Puisque nous avons établi, d'une part, que toutes les forces de l'enfant doivent être cultivées avec ensemble, et d'autre part que *l'exercice* peut seul les développer, nous devons conclure que l'enseignement, pour être fructueux, doit exercer, sans exception, toutes les facultés dont se compose l'intelligence et chacune d'elles dans une mesure appropriée à ses fonctions. Cultiver avec insistance une ou deux facultés seulement, et abandonner les autres au hasard des occasions, est une inconséquence impardonnable, d'autant plus fâcheuse que les facultés mises en oubli sont parfois précisément des facultés de premier ordre. Et ce qui aggrave les conséquences d'une telle faute, c'est que non-seulement les facultés ainsi abandonnées à elles seules subissent un arrêt de développement, mais il en résulte que l'intelligence tout entière souffre d'une rupture d'équilibre. L'activité excessive donnée à quelques facultés s'exerce au détriment des autres; le lien d'ensemble est brisé, et l'intelligence n'arrive jamais au plein exercice de la somme totale de ses forces. Ainsi lorsque dans un arbre fruitier vient à se produire un de ces jets *gourmands* qui attirent vers eux toute la sève, les branches voisines souffrent, s'étiolent, et l'arbre tout entier est en mauvaise voie.

Il est bien entendu, cependant, que les rôles étant diversement répartis dans la nature et dans le monde, et chacun de nous ayant à y exercer un emploi différent, l'enseignement doit, à un certain moment, préparer la voie aux spécialités; en d'autres termes, il doit appuyer davantage sur les connaissances qui semblent dans le ressort de la vocation individuelle, et sur celles qui se rattachent aux professions vers lesquelles il semble que les jeunes élèves devront se diriger. Cela est nécessaire et raisonnable, car la nature a donné à chacun de nous des aptitudes diverses, qui nous prédisposent plus particulièrement à remplir certaines fonctions. Mais plus cette spécialisation des études est nécessaire *à partir d'un certain degré*, plus il est indispensable de donner au préalable une instruction générale et variée, et d'exercer toutes les facultés dans la période primaire de l'enseignement. C'est seulement lorsqu'on a créé une base large et solide, que l'on peut y asseoir l'édifice des connaissances spéciales et professionnelles. L'intelligence de vos élèves, fortifiée par un exercice général, donnera alors, sans s'épuiser, tout ce que l'on est en droit d'en attendre.

L'un des inconvénients les plus visibles des études trop tôt spécialisées, aussi bien que de toutes les études qui manquent d'ensemble et de lien, c'est de n'être d'aucune application immédiate, d'aucun intérêt actuel pour l'enfant, et par suite, de le laisser étranger à mille choses usuelles qu'il aurait besoin de connaître.

Rien n'est plus commun et plus déplorable que de voir, dans la société, des hommes et des femmes dont l'esprit s'embarrasse au plus petit incident ; que la plus légère complication déconcerte ; et qui, comme un navire sans boussole, se heurtent à mille obstacles qu'une convenable préparation d'esprit les eût mis facilement à même d'éviter.

Ce vice de l'éducation est si fréquent et si capital, que nous engageons fortement les maîtres et maîtresses à y porter leur attention, et à tout faire pour y remédier.

VI. De la culture du jugement.

Puisque c'est par l'observation, accomplie au moyen de nos sens, que parviennent à l'intelligence les notions dont elle fait des idées, il importe d'éveiller chez l'enfant le goût de l'observation, de l'exciter à observer les phénomènes qui s'accomplissent autour de lui, à se rendre compte des faits de la nature, de l'industrie ; à ne pas s'en tenir aux illusions de l'apparence, mais à comparer ce qu'il découvre à ce qu'il connaît déjà, et à contrôler par le témoignage de son propre jugement une première impression parfois trompeuse.

Les notions acquises soit directement par l'observation, soit indirectement par la communication du langage (oral ou écrit), restent à l'état de vaines et stériles sensations, si elles ne sont analysées, comparées, et jugées par cette faculté supérieure de l'âme qu'on appelle la raison.

Chacun de nous sent, et il n'est pas besoin d'insister sur ce point, que cette faculté supérieure de la raison, lien et centre de toutes les autres, doit être cultivée proportionnellement à son importance. Mais si c'est, comme nous l'avons dit, par l'activité qu'une faculté croît et se fortifie, ce ne sera pas en imposant sans cesse à l'enfant des assertions à admettre sans réplique, des faits à enregistrer sans examen, en lui présentant des raisonnements tout faits, des déductions toutes tirées, qu'on exercera sa raison. Ce sera, au contraire, en le poussant à examiner lui-même, à juger, dans toutes les occasions qui sont de sa compétence. Il faut que l'enfant contribue lui-même au développement de son intelligence, comme il contribue à son développement corporel, par son action propre : fournissez-lui seulement des matériaux, et apprenez-lui à les mettre en œuvre.

Un sage de l'antiquité l'a dit admirablement : Le devoir de l'éducateur est de faire naître l'idée, plutôt encore que de la communiquer [1].

Si un enfant inexpérimenté s'égare dans son jugement, vous serez là pour redresser ses erreurs et le ramener dans la droite voie. Vous ne vous contenterez

---

1. Socrate.

pas de lui dire qu'il se trompe, vous lui ferez voir en quoi il se trompe, et par quelle cause il s'est trompé. Ainsi habitué à faire naître les idées chez vos enfants, votre influence pénétrera jusqu'au fond de leurs âmes, et leurs pensées seront transparentes pour vous. Vous serez au courant de leur manière de sentir et de juger ; vous connaîtrez leurs côtés forts et leurs côtés faibles, vous acquerrez une puissance considérable sur vos élèves, tout en respectant leur individualité ; et vous leur apprendrez à se diriger eux-mêmes quand ils seront devenus des hommes et des femmes.

VII. De la culture de la mémoire.

La faculté précieuse par laquelle nous conservons le souvenir des choses passées, des impressions éprouvées, des notions acquises, la mémoire, elle aussi, a besoin de culture et d'exercice. Sur ce point tout le monde est d'accord ; mais il importe de ne pas se méprendre sur les mots. La mémoire n'est pas une fonction à part, isolée des autres fonctions intellectuelles. Elle leur est au contraire intimement liée et subordonnée, puisque son rôle est d'enregistrer tout ce que l'intelligence a compris.

Ce que l'intelligence a compris, remarquez-le bien, et non telle ou telle formule restée inintelligible. Charger la mémoire de faits inexpliqués, et dès lors incohérents ; l'exercer à retenir des mots dont l'enfant n'a pas pénétré le sens, et dès lors obscurs ; présenter des mots, des choses mal définies ou des idées inaccessibles aux enfants, c'est imposer à cette faculté un effort sans utilité, c'est la détourner de son but; c'est, qu'on nous permette l'expression, mésuser et abuser de sa complaisance. La mémoire a assez à faire de conserver toutes les notions que l'intelligence lui confie; et s'il est utile de l'habituer à conserver des signes, des nombres, des mots, et à les fournir sans hésitation quand on les lui demande, il faut du moins qu'on lui rende cette tâche facile et profitable, en choisissant les exercices de mémoire parmi les choses qui parlent à l'intelligence et au cœur de l'enfant, dans un langage qu'il puisse comprendre.

VIII. De la culture de l'imagination.

L'imagination, chez un enfant bien né, est la plus poétique et la plus gracieuse manifestation de son intelligence. Il suffit d'avoir élevé un petit enfant, et de se souvenir de l'éclosion de son esprit, pour dire que Dieu ne fit jamais fleur pareille.

Et pourquoi donc condamnerions-nous l'imagination, et nous imposerions-nous le devoir cruel de la détruire? Cette entreprise insensée n'aboutirait qu'à la troubler, à la fausser, à la pervertir. Les exemples sont si nombreux et si graves que nous craindrions de les désigner. Que chacun regarde autour de soi et s'en rende compte.

L'imagination, don précieux, a été accordée à l'enfant pour lui permettre, lorsqu'il a imité ce qu'il a vu, de combiner lui-même à son tour des choses nouvelles. Aussi cette faculté est-elle douée d'une activité incessante, qui pousse sans relâche l'enfant à l'action. Nous n'avons donc lieu de la stimuler que rarement; mais nous avons à lui offrir des aliments sains, et à lui ouvrir des voies droites et honnêtes.

Il se trouve cependant quelquefois des enfants dont l'imagination lourde, comme endormie, ne prête qu'un faible secours aux fonctions intellectuelles. Dans ce cas, il ne faut pas craindre de réveiller cette faculté précieuse, dont les écarts sont certainement regrettables, mais dont l'insuffisance prive la créature humaine d'un de ses plus utiles et de ses plus nobles attributs.

Cultivons avec discernement l'imagination de l'enfant. A mesure qu'il grandit, inspirons-lui le goût du beau qui, plus tard, le soutiendra et le préservera. Appelons son attention sur les merveilles de l'œuvre divine; apprenons-lui à sentir ce que disent la petite fleur qui s'épanouit dans l'herbe, la goutte de rosée qui brille au soleil, le ciel bleu, la vaste mer. Faisons-lui remarquer l'ordre et l'harmonie dans lesquels se meut l'Univers, aussi bien que la sagesse et la perfection suprêmes, manifestées dans les plus petites choses. Puis, autant qu'il est en nous, faisons-lui apercevoir les beautés de l'art qui imite la nature dans ce qu'elle a d'élégant et de beau. Que l'enfant apprenne, à mesure que son intelligence se développe, à goûter ces pures jouissances qui ne se définissent pas, à éprouver ce qui ne s'exprime pas. Sentir la nature et l'art ennoblit et console.

L'imagination en nous donnant un idéal, a une puissance immense sur nos sentiments : l'affection de la famille, les grands amours de la patrie et de l'humanité lui doivent leurs plus sublimes dévouements. C'est elle enfin qui nous aide à découvrir Dieu dans les moindres de ses œuvres.

Pourquoi donc voudrions-nous tarir cette source de joie et de force? D'ailleurs, tout se touche dans l'être intelligent, ne l'oublions pas; l'imagination réagit sur les autres facultés : si c'est le jugement qui doit diriger nos actes, c'est l'imagination qui nous pousse à les accomplir.

IX. Du sens moral.

Abordons maintenant la partie la plus importante de l'éducation, celle qui en est la clef de voûte : nous voulons parler de la direction morale de l'enfance. Si nous n'avons pas commencé par elle, bien qu'elle soit la première en importance, c'est que l'éducation morale ne doit pas être considérée comme une branche spéciale de l'éducation, elle doit au contraire en être la résultante. Le principe du sens moral fait partie intégrante de notre être; c'est ce qu'on appelle la *conscience*. La conscience est d'essence indestructible; mais son développement dépend de l'éducation, et des circonstances générales dans lesquelles il s'accomplit. Tout l'influence : instruction, exemples, sentiments, état des organes même. Ne voyons-nous pas journellement les meilleurs sentiments s'altérer, l'humeur la plus égale devenir chagrine, dans un état maladif de l'organisme? Et n'est-il pas prouvé par l'expérience, que les désordres les plus graves ont souvent trouvé leur source première dans les perturbations de la santé ?

Au point de vue moral, l'œuvre des maîtres est double : non-seulement ils doivent enseigner, mais leur influence doit venir à l'appui de leur enseignement. Il ne suffit pas qu'ils fassent connaître le devoir, il faut aussi qu'ils parviennent à le faire aimer.

Cette seconde partie de la tâche des maîtres est la plus délicate, la plus indéfinissable; mais il ne leur est pas possible de l'éluder. Bonne ou mauvaise, l'influence personnelle du maître ou de la maîtresse sur ses élèves se fait sentir. Il faut donc qu'ils soient droits de cœur pour enseigner la droiture à leurs élèves, et qu'ils aiment véritablement ce qu'ils veulent leur faire aimer. Il est indispensable qu'ils sachent *s'en faire aimer* eux-mêmes, pour avoir la puissance de diriger leurs sentiments, et pour exercer une influence discrète, mais décisive, sur leurs goûts et leurs volontés. La vigilance des maîtres doit être surtout en éveil à l'égard de certains sentiments, louables au fond, mais sujets à dévier facilement. Il faut, par exemple, qu'ils empêchent l'émulation de dégénérer en jalousie; le légitime contentement qu'inspire le succès, en une vanité ridicule et blâmable. Et non-seulement ils doivent agir sur chaque enfant en particulier suivant ses inclinations personnelles, mais ils doivent agir sur l'ensemble de la classe; savoir, comme on dit, ce qu'il y a dans l'air, et vivre en communion avec leur petit monde, image souvent trop fidèle du grand.

Pour accomplir cette œuvre de direction tant individuelle que collective, les maîtres aimés des enfants disposent de mille ressources que nous n'avons pas besoin d'énumérer. Le seul effet de l'affection diminue considérablement les cas où il faut user de moyens répressifs : une réprimande sérieuse, mais douce, fait presque toujours une impression meilleure et plus profonde qu'une punition. Les récompenses elles-mêmes doivent être employées avec discrétion, car si elles sont prodiguées elles perdent leur prix. Au reste, l'*abus* du système des punitions et récompenses a un grave inconvénient au point de vue moral : il habitue l'enfant à considérer le prix dont on paye son action au-dessus de l'action elle-même; et à se préoccuper pour le reste de sa vie, des résultats plutôt que des principes; mal terrible qui ronge et dissout à notre époque bien des consciences privées, ou publiques.

Le devoir des maîtres est, au contraire, d'enseigner qu'il faut éviter le mal pour sa propre laideur, indépendamment du juste châtiment qu'il entraîne. Nous devons en même temps enseigner à faire le bien généreusement, pour le bien lui-même, parce que tel est le but de notre vie, notre devoir religieux et humain; notre dette envers Dieu, et envers les hommes.

Nous n'insisterons pas davantage sur cet important sujet. Le sentiment moral et religieux, le discernement du bien et du mal, du juste et de l'injuste, existent en germe dans l'âme de l'enfant; la grande mission des maîtres consiste à les développer et à les faire fructifier.

X. Conclusion.

« Vous faites de l'éducation idéale, » nous dira-t-on peut-être. Rien ne peut mieux rendre compte de nos sollicitudes que cette opinion. Il nous semble, en effet, que quiconque entreprend une grande œuvre doit avoir un idéal. Le savant, l'artiste, l'homme de bien n'ont-ils pas un idéal? Mais la science a ses ténèbres, mais le marbre et l'instrument sont rebelles, mais la nature humaine est faillible : sans nul doute; la perfection ne leur est pas accessible, on le sait, et pourtant le savant, l'artiste, l'homme de bien s'efforcent de s'en rapprocher sans cesse.

Eh bien, nous aussi, instituteurs et institutrices, ayons un idéal; et que cet idéal soit d'élever des hommes et des femmes tels qu'ils doivent être pour réaliser la pensée divine. Ne prenons pas pour type l'homme de génie, la femme douée de facultés exceptionnelles; prenons simplement l'homme et la femme qui sont dans l'ordre normal; ceux qui possèdent la santé de l'âme et du corps; dont toutes les facultés ont été développées au moins jusqu'à la limite moyenne, sans lacune ni déviation. Voyons aussi l'enfant tel qu'il est, quand les préjugés et les mauvais exemples n'ont pas encore altéré sa rectitude naturelle. Puis, demandons-nous ce qu'il y a à faire pour que cet enfant devienne cet homme ou cette femme. La réponse à cette question, réponse longuement mûrie et expérimentée, est le programme d'éducation que nous avons tracé dans ce livre, et que nous appliquons dans le Cours d'éducation et d'instruction.

Maintenant que nous savons vers quel but nous diriger et quelle route prendre, élevons nos esprits et nos cœurs, et marchons avec courage!

Réaliser un type aussi modeste que celui que nous nous proposons, ne peut être considéré comme une utopie!

CHAPITRE II.

EXAMEN DES ANCIENNES MÉTHODES.

I. Nécessité d'un examen impartial.

Lorsqu'on se demande avec sincérité de cœur, si les plans d'éducation, les méthodes, les procédés actuellement employés, sont en relation avec l'idéal que nous venons de définir; et si les résultats obtenus jusqu'ici sont satisfaisants, comparés à ce qu'ils devraient être, on ne peut se dissimuler combien nous sommes encore loin du but. N'accusons personne; on a beaucoup fait; mais reconnaissons qu'il reste encore beaucoup à faire. Soyons justes et sachons apprécier à leur valeur le zèle et le dévouement de nos devanciers; mais n'en soumettons pas moins le système actuel d'éducation à un sévère examen. Soyons francs en face de nous-mêmes, et ne cherchons pas à nous dissimuler par un vain amour-propre ou un faux intérêt, l'insuffisance flagrante de nos résultats. Ayons le courage de rechercher les causes de la stérilité relative de nos efforts; reconnaissons les imperfections et les lacunes de nos méthodes, voyons ce que nous pouvons faire pour combler les unes, redresser les autres; puis mettons-nous à l'œuvre avec conviction, avec persévérance.

Il faut bien l'avouer, nos méthodes, souvent ingénieuses dans le détail, ont, prises dans leur ensemble, trois vices radicaux : elles sont *fragmentaires*, *compressives* et *insuffisantes*.

Nous n'appellerons en cause ici que la première éducation de l'enfant, restreinte aux limites de l'instruction primaire; et afin d'éviter toute équivoque, nous ne parlerons que de la *moyenne* des écoles.

II. Inconvénients des méthodes fragmentaires.

Nos méthodes, disons-nous, sont *fragmentaires*, tant au point de vue de l'éducation qu'à celui de l'instruction proprement dite; c'est-à-dire que chaque enseignement est exclusivement borné à son sujet, sans se rattacher par aucun lien à tout le reste.

Au lieu de faire appel à toutes les facultés de l'intelligence, en vue de les développer par un exercice simultané, elles s'adressent continuellement à une seule d'entre elles : la mémoire. Enregistrer des règles, des mots, des mots surtout ! voilà où tendent la plupart des méthodes. A peine donne-t-on çà et là l'explication de quelques-uns des mots dont on charge la mémoire; et l'enfant, que nul attrait n'excite, rebuté plutôt par cet exercice fastidieux, ne cherche même pas à comprendre ce qu'on lui enseigne. Son intelligence comprimée tombe dans le sommeil, devient chaque jour plus endormie, et finit par perdre même le pouvoir de s'éveiller. Voilà où conduit forcément le système des leçons sans ensemble, et des récitations exclusivement littérales.

Les maîtres qui s'aperçoivent de ces conséquences donnent aux enfants l'explication des règles, et l'interprétation des morceaux; mais ils les donnent presque toujours après la lecture ou la récitation; aussi qu'arrive-t-il ? L'attention de l'auditoire n'ayant pas été d'abord excitée, les élèves n'écoutent pas, et leur mémoire n'en est pas moins contrainte à retenir des choses sur lesquelles une explication tardive les éclaire fort peu.

En vain vous condamnez la mémoire de l'enfant à enregistrer des abstractions, des mots que l'intelligence n'a point éclaircis; sous le poids de toutes ces choses obscures qui la fatiguent et la découragent, la mémoire est surmenée et, au fond, reste vide.

L'intelligence de son côté n'ayant point à intervenir, et ne trouvant jamais l'occasion de s'exercer, se fatigue de son inaction, elle s'endort pour ne plus en souffrir, et l'enfant s'abstient volontairement de penser.

L'enseignement doit être au contraire une perpétuelle invitation à l'exercice du jugement. Il faut que les maîtres emploient tous les moyens possibles pour développer cette faculté précieuse qui, sous les noms modestes de *bon sens* et de *sens commun*, est véritablement une faculté supérieure.

Quant au sens de l'observation, on ne fait généralement rien pour le cultiver. On n'apprend pas à l'enfant *à s'instruire par lui-même*. Et non-seulement son initiative naturelle s'éteint dans l'apathie, préjudice infiniment regrettable pour l'avenir, mais on ferme ainsi à l'enseignement l'une des portes les plus larges de l'intelligence.

Comprend-on que des deux voies par lesquelles les notions arrivent à l'esprit : l'observation personnelle et la communication orale, on ait négligé la plus directe et la plus naturellement agréable à l'enfant, l'observation, pour s'en tenir au langage parlé ou écrit? Et encore, chose étrange, est-ce du langage écrit, de la lettre morte, du livre enfin, qu'on a fait l'instrument universel, reléguant au dernier plan l'enseignement oral, la parole vivante du maître.

A l'égard de l'imagination, nous l'avons déjà dit, non-seulement on ne fait rien pour la cultiver ni la diriger, mais tout l'ensemble de nos procédés la comprime et conspire à l'éteindre. On l'a déclarée *folle*, mauvaise, dangereuse; on s'efforce dès lors honnêtement de la sacrifier. Songeons pourtant que de toutes nos facultés elle seule est créatrice, et que la supprimer, c'est condamner d'avance l'esprit à ne rien produire.

III. Danger des procédés compressifs.

Les procédés employés généralement dans les écoles sont-ils en harmonie avec les besoins et les dispositions naturelles de l'enfant? Non, car ils exigent comme première condition l'immobilité du corps pendant de longues classes, et la passivité de l'esprit pendant des études et des leçons invariablement tracées.

Rien n'y est disposé en vue d'attirer l'attention des enfants, de la captiver; il faut les contraindre au travail par la discipline, le silence et l'ennui. Tous les instincts de l'enfant se révoltent contre ces exigences malheureuses; il en résulte pour lui de profondes souffrances, des réactions dangereuses aussi bien pour son corps que pour son âme.

L'immobilité, et par suite l'inertie des membres, compliquées de la tension du cerveau, sont un danger en même temps qu'un supplice pour l'organisation mobile des enfants. Si vous vous souvenez du temps où vous aviez leur âge, convenez que ce supplice est cruel, et que l'instinct méconnu se venge par de terribles moyens. Aux heures où l'enfant se trouve hors de l'école, cet instinct réagit avec une violence irrésistible; ses besoins de liberté deviennent effrénés, ils lui suscitent mille caprices pour dépenser ses forces comprimées. L'enfant qui a été *forcé* d'apprendre, éprouve une joie indicible à oublier. Il crée de parti pris une scission entre sa vie, telle qu'il la sent bouillonner en lui, et la vie qu'on lui a faite pendant les deux tiers du jour. Et ces réactions sont même désirables, car si elles s'affaiblissent, si l'enfant parvient à s'acclimater à ce régime de travail sans attrait, c'est que la compression a fait chez lui de profonds ravages; c'est qu'il est devenu énervé, malade, n'en doutez pas.

Ainsi, par l'emploi de moyens auxquels est fatalement attaché l'ennui, la constitution de l'enfant est compromise sérieusement, son développement entravé; et les instincts de conservation dont la nature avait réglé le salutaire exercice s'éteignent ou se révoltent, au préjudice de l'enfant et à celui de la société.

Et l'on espérerait que l'enseignement donné au milieu d'une pareille lutte produisît de bons fruits? Et l'on voudrait que l'intelligence et l'instinct se laissassent ainsi déprimer et soumettre? Ne serait-ce pas demander l'impossible? Quand l'enfant a peine à réprimer son impatience, peut-on croire qu'il entend ce qu'on récite, ou qu'il voit ce qui est sur son livre? Ses yeux lisent, mais son esprit court les champs. Chose pénible à avouer, l'instituteur lui semble alors la personnification de la dure loi qui l'opprime. Il le respecte en apparence, mais il n'a d'autre souci que d'échapper à son regard scrutateur.

En somme, rappelons-nous bien ceci : l'attention, comme l'affection, ne se laisse pas contraindre : elle se donne librement à qui l'attire.

Dans nos écoles une part trop exclusive est faite au livre classique. Le livre classique est une nécessité : c'est même une nécessité heureuse; l'enfant doit apprendre de bonne heure à acquérir des notions par ce moyen, qui seul restera à sa disposition quand le temps de l'école sera passé. Mais c'est ici qu'il convient d'appliquer le proverbe : « Il ne faut pas abuser des bonnes choses. » Le livre classique, en le supposant parfaitement approprié à son but, ne doit pas avoir la prépondérance sur l'enseignement oral; il exige une attention trop soutenue. Nécessairement concis, il n'a ni l'attrait ni les ressources diverses que la parole vivante possède pour captiver l'attention. Il y a un charme puissant dans le langage humain; les petits enfants l'éprouvent plus que tout autre auditoire. Le vrai rôle du livre c'est de résumer, de condenser et de conserver à la portée de l'élève ce que le maître doit avoir enseigné verbalement. Considéré ainsi, le livre a une valeur inappréciable, parce qu'il est dans sa fonction, et que son usage étant borné à un temps restreint, l'attention de l'enfant n'en est point fatiguée.

Un autre procédé dont on a fait abus, c'est la récitation de mémoire.

Ne faisons apprendre par cœur à nos enfants que deux choses : les formules claires, succinctes, des règles et des sciences préalablement comprises; et des morceaux de morale et de littérature intelligibles, très courts, bien choisis, et toujours expliqués d'avance. Faisons réciter ces morceaux de telle sorte qu'ils soient un exercice de bonne prononciation, en même temps qu'un exercice de mémoire. Chacun sait que la *récitation* telle qu'on la pratique encore aujourd'hui dans un grand nombre d'écoles, diffère beaucoup des indications que nous nous permettons de donner. Elle n'est, la plupart du temps, qu'une tâche fastidieuse et machinale, plus propre à dégoûter l'élève qu'à cultiver son esprit.

Nous pourrions en dire autant des longues dictées écrites, des analyses écrites, des conjugaisons écrites, exercices auxquels l'enfant dépense beaucoup trop de temps, qui lui inspirent pour cette raison un profond ennui, et ne lui apprennent que des mots, sans éveiller en lui la moindre idée. Le tort commun à tous ces exercices c'est que la forme absorbe le fond. Personne n'a jugé cet abus avec plus d'autorité et de sévérité que le P. Girard[1] :

« Dans l'enseignement prédominant de la langue, dit-il, le livre fait tout sans le concours des élèves ; il donne les définitions, les divisions, les règles, et un ou deux exemples à l'appui. Le maître explique, l'élève lit et écoute, puis il apprend de mémoire pour réciter plus tard, et tout finit par là. Un procédé semblable est d'abord une véritable dégradation de l'humanité dans l'enfant, et il n'est pas surprenant que l'on n'en recueille pas l'effet qu'on en attendait. »

Ces procédés, en outre, imposent à l'enfant une passivité absolue. L'individualité n'a rien à faire là : voici ce que dit le livre, apprenez-le et récitez. Nulle initiative n'est laissée à l'enfant, nulle part n'est donnée à son activité ; de là une nouvelle cause de souffrance et d'ennui.

Qu'on veuille bien nous le pardonner, mais nous ne nous lasserons pas de répéter cette condamnation, parce que l'ennui chez l'enfant est non-seulement une souffrance réelle, mais parce qu'il est un obstacle, nous devrions dire le seul obstacle au progrès. Nous ne demandons plus ce que devient le bonheur, la spontanéité de l'être, avec ces procédés d'un autre âge. Nous ne répétons plus que la passivité imposée à l'intelligence la déprime ; c'est entendu, n'y

---

[1］ *De l'enseignement régulier de la langue maternelle*, par Grégoire Girard, cordelier. Ouvrage couronné par l'Académie française.

EXAMEN DES ANCIENNES MÉTHODES. 33

revenons pas, mais ajoutons : c'est ainsi qu'un enseignement se ruine par lui-même.

IV. Insuffisance des matières enseignées.

Après avoir examiné les méthodes au point de vue de la culture des diverses facultés de l'intelligence, examinons-les dans le plan d'études auquel elles se rattachent.

La lecture, l'écriture, les règles de la grammaire, la *pratique* des opérations du calcul, un précis d'histoire sainte, quelques notions de géographie et d'histoire de France : telles ont été longtemps les matières introduites, puis effacées, puis replacées dans le programme de l'enseignement primaire [1]. Quand nous songeons que nos écoles datent seulement de 1833, nous trouvons que c'était déjà un résultat. On a été au plus pressé, il

---

[1]. Les inconvénients des anciennes méthodes sont officiellement reconnus et constatés : et c'est dans le but d'y porter remède que de nouveaux programmes ont été dressés. Ces programmes constituent un progrès important sur les précédents; c'est le premier pas fait dans une meilleure voie. C'est une transition entre ce que l'expérience a condamné, et la rénovation que l'avenir nous apporte. Ces nouveaux programmes viennent à l'appui du jugement que nous avons porté sur l'ensemble des anciennes méthodes ; et nous sommes prêts à produire nombre de pièces authentiques, établissant que notre critique n'est pas trop sévère. Du reste, nous l'avons dit, répétons-le encore afin de ne nous exposer à blesser personne : en montrant combien il reste à faire pour donner à l'enseignement primaire le développement auquel il doit atteindre, nous n'accusons ni les hommes ni les temps ; nous savons à quel point le corps enseignant mérite l'estime et la sympathie de tous; nous savons aussi que les maîtres et maîtresses ont à souffrir au moins autant que leurs élèves du régime dont il s'agit. Notre critique ne porte que sur les faits, non sur les personnes.

ne pouvait en être autrement. Mais relativement aux besoins de l'intelligence, ce programme d'études était bien incomplet. On eût dit quelques petits points lumineux isolés sur un fond absolument noir!

On y remarquait surtout une lacune considérable : les premiers éléments des sciences naturelles y faisaient défaut. L'enfant pouvait quitter l'école suffisamment instruit de toutes les règles qu'on y enseignait, et ne pas posséder les connaissances les plus élémentaires sur la matière et l'origine des objets qui sont chaque jour sous ses yeux. Les phénomènes les plus simples de la nature, même ceux qui s'accomplissent incessamment autour de nous, étaient pour les enfants lettre close. Ils ne connaissaient pas les agents naturels utilisés par l'homme dans son industrie. Les animaux, les fleurs, les métaux, tout l'univers visible leur était étranger. *Les cieux qui racontent la gloire de Dieu* étaient muets pour eux. De ce sol que l'homme féconde, de ces végétaux dont il tire sa subsistance, des animaux qu'il soumet à son empire, l'enfant ne savait rien. Il ne savait rien de ses propres organes, et n'avait pas ces premières notions d'hygiène qui l'auraient mis en garde contre les négligences funestes, les imprudences et les excès.

Une seule des sciences naturelles avait pénétré dans l'école : la géographie. Mais isolée des autres sciences, et par là privée de tout ce qui lui donne la variété et la vie, cette science, qui pourrait être la plus attrayante de toutes, était généralement réduite à une sèche nomenclature, au plus monotone des exercices de mémoire.

Parmi les sciences dites *exactes*, c'est-à-dire sciences

de raisonnement, l'enseignement primaire a toujours accepté l'arithmétique, dont les transactions journalières faisaient une nécessité ; mais on a trop souvent laissé à l'écart les éléments de géométrie appliquée. Pourtant c'est à l'aide des notions géométriques devenues familières que se développent la sûreté du coup d'œil, l'intelligence, le sens de la mesure, des formes et de la symétrie ; facultés précieuses dans l'exercice des professions auxquelles nos enfants sont pour la plupart destinés. Sans les premières notions de géométrie le système métrique est une série d'énigmes incompréhensibles. Enfin, en l'absence des premiers éléments de géométrie comment enseignera-t-on le dessin linéaire, devenu si indispensable aujourd'hui, qu'il vient de forcer la porte des écoles, et de pénétrer dans le programme par la seule force des choses ?

De toutes les sciences, la plus féconde en enseignements c'est, sans contredit, l'histoire. De même que l'enfant doit connaître au moins les grands traits de la nature, de même il doit connaître, d'une manière sommaire, l'histoire du genre humain.

Ce n'est pas l'histoire qu'on enseigne à l'école, c'est seulement deux de ses branches : l'histoire du peuple hébreu, et l'histoire de France. Des autres peuples, rien ; ils restent ensevelis dans le plus profond silence ; de sorte que l'enfant peut (et il n'y manque pas) se figurer qu'il n'y a jamais eu d'autres habitants sous le ciel que les tribus hébraïques et la nation française. Les noms des Grecs et des Romains, des Anglais, des Allemands, qui se rencontrent de temps en temps sous ses yeux, ne lui rappellent rien. Il est pourtant facile de comprendre que l'esprit de l'enfant gagnerait quelque chose à connaître les grandes périodes du passé de l'humanité, de l'histoire universelle esquissée à grands traits. Quant aux parties de l'histoire qu'il faut connaître plus spécialement, pourquoi si souvent les réduire à une fastidieuse nomenclature de rois, de dates et de batailles? Quel intérêt l'enfant peut-il prendre à de tels récits, quel enseignement pratique et social en peut-il retirer?

Enfin, signalons encore une lacune dans ces méthodes : elles ne donnent pas aux enfants la moindre idée de l'histoire du langage, ni de la littérature de leur langue maternelle. Il résulte de cette omission, que la grammaire ne leur semble qu'un amas de fantaisies désagréables, de règles arbitrairement inventées pour leur tourment, et dont rien ne leur indique, même de loin, l'origine ni la raison d'être.

En résumé, et sans avoir besoin de pousser plus loin cette analyse, nous sommes forcés de conclure que les méthodes dont il s'agit ont, tant au point de vue de l'éducation qu'à celui de l'instruction, tous les inconvénients des méthodes *fragmentaires, compressives,* et *insuffisantes.* Voyons avec sincérité s'il n'y a pas mieux à faire.

CHAPITRE III

DE LA MÉTHODE EN ÉDUCATION.

I. De l'enseignement oral et expérimental.

Si nos lecteurs sont d'accord avec nous sur ce qui précède, nous n'aurons pas besoin de nous étendre longuement sur les généralités de ce que nous appelons : la *Méthode naturelle*. Le but qu'elle se propose, nous le savons déjà, c'est de faire concourir toutes les forces de l'être à son propre développement. Considérant les organes comme des voies de perception et des instruments d'action, elle s'efforce de les perfectionner. Dans les instincts qui les régissent, elle voit non des ennemis à réduire, mais des alliés à se faire. Enfin considérant l'unité de l'être physique et moral, elle exerce simultanément toutes les facultés de l'âme et du corps, chacune suivant sa fonction.

Quant à ce qui concerne l'instruction proprement dite, le plan d'études de la méthode naturelle est bien simple, il se résume en quelques mots : donner sur toutes les choses utiles et accessibles aux enfants des notions graduées selon les âges ; leur enseigner, et leur faire comprendre les premiers éléments des connaissances qu'ils devront de plus en plus acquérir en grandissant ; et enfin, mesurer chaque enseignement, d'une part à son importance relative, de l'autre à l'âge et aux facultés de l'enfant qui le reçoit.

Comparons, si vous voulez, l'instruction générale à une série de cercles dont l'enfant occupe le centre commun. Les circonférences, toutes petites d'abord, vont s'élargissant d'une façon régulière, embrassent une étendue de plus en plus vaste, mais demeurent complètes à tous les degrés de leur développement.

Lorsqu'il s'agit de faire connaître aux enfants les objets et les êtres qui les entourent, il faut les leur faire observer en réalité, ou tout au moins en image. L'enseignement doit arriver à l'intelligence par l'intermédiaire des sens : il n'y a pas, à cet âge du moins, d'autre chemin pour y parvenir. Que les enfants voient donc de leurs yeux, qu'ils touchent de leurs mains, qu'ils mettent en œuvre à leur propre bénéfice, tous les moyens d'investigation que la nature leur a donnés. Il faut que l'enseignement procède du *concret* à l'*abstrait*, provoque par des objets sensibles l'éclosion des idées. Il faut même que les notions qui sont abstraites de leur nature, telles, par exemple, que celle du nombre et de ses combinaisons, soient revêtues d'une forme qui frappe les yeux. C'est seulement lorsqu'on a amorcé par ce moyen l'intelligence enfantine, qu'on peut généraliser, abstraire, dégager les idées des choses qui ont servi à les introduire, de même qu'on dégage d'une fable ou d'un apologue la morale à laquelle le récit figuré a servi de symbole [1].

En mettant ainsi en jeu les sens et le jugement de l'enfant, vous vous emparez de tout son esprit. Vous aiguillonnez sa curiosité native à mesure que vous la satisfaites. Vous mettez dans tous les exercices la vie et l'attrait; et au lieu d'avoir pour ennemis ces instincts de mouvement, de spontanéité, qui vivent au fond du petit être, vous les avez pour auxiliaires.

Faut-il conclure de la grande importance que nous accordons à l'observation directe, que l'enseignement des maîtres se trouvera réduit à un rôle secondaire? C'est le contraire qui arrivera. Les enfants voient ce qu'on leur signale, mais ils ne savent pas observer seuls. Il faut que leur attention soit appelée, leur raisonnement éclairé par le maître, dont l'action et l'influence, au lieu d'être restreintes, se trouvent au contraire notablement accrues. L'enseignement oral doit être donné par courtes leçons, souvent répétées, en variant la forme, les exemples et les applications, de telle sorte que ce qu'un enfant ne comprendrait pas d'une manière, il le comprenne de l'autre. Les maîtres ont donc beaucoup à faire, puisque c'est toujours eux et non le livre, qui doivent donner les premières indications [2].

---

1. Nous donnons en leur lieu des exemples détaillés de cette manière de procéder, notamment dans les *Observations pratiques sur l'enseignement des premiers éléments d'arithmétique*.
2. Cela se fait aussi dans l'enseignement *supérieur*, et même dans l'enseignement *secondaire*. L'emploi du même procédé dans la période *primaire* constituera une unité dont les avantages seront inappréciables à tous les points de vue.

Eux seuls, en effet, peuvent tenir compte des dispositions de leur auditoire, et le prendre par ses côtés accessibles. Le maître qui parle et agit possède mille ressources pour captiver ses élèves : démonstrations orales et expérimentales, récits, anecdotes, interrogations, dialogues surtout. Le dialogue stimule la réflexion si vite et si bien, tant la chose est naturelle, que l'enfant a souvent achevé de comprendre avant qu'on ait achevé d'expliquer. Les enfants aiment à parler. Eh bien! qu'ils interrogent et répondent. Non, pas tous à la fois, cela causerait du trouble, mais l'un après l'autre ; les réponses de chacun exciteront l'intérêt de ceux qui écoutent. Que les enfants qui pensent soient autorisés à manifester leur pensée ; il nous importe tant de la connaître! Qu'ils nous montrent leurs idées, justes ou fausses, nous saurons alors si nous avons été compris, ou si nous devons revenir sur ce qui a été dit.

Certaines personnes s'effrayent d'avoir à prendre ainsi sur elles toute l'initiative de l'enseignement. Vraiment il n'y a pas de quoi s'inquiéter. Ce que vous avez à enseigner à l'enfant vous le possédez, et bien au delà, n'est-ce pas? Alors vous le transmettrez facilement ; d'ailleurs l'habitude de parler aux enfants s'acquiert vite, et devient un charme non moins pour les maîtres que pour leurs élèves. Croit-on que les anciennes méthodes n'écrasent que l'enfant? et que l'éducateur n'ait pas, lui aussi, à souffrir de l'ennui, de la contrainte que ces méthodes imposent aux élèves? L'individualité de l'enfant est comprimée, mais celle de l'éducateur l'est-elle moins?

Essayez de l'enseignement *oral* conforme à nos indications, et vous vous sentirez respirer, vous sentirez l'air circuler librement autour de vous.

II. Du livre classique et des devoirs.

D'autres personnes craignent de s'égarer dans l'application d'une méthode dont les chemins ne sont pas d'avance alignés au cordeau ; mais le livre classique n'est-il pas là ? Le livre classique, s'il correspond à son but, est doublement précieux ; il joue deux rôles à la fois : pour les maîtres il est un guide, un aide-mémoire ; il leur marque les étapes, les divisions, et les empêche de se perdre dans des voies divergentes. Pour l'élève il est, comme nous l'avons déjà dit, un résumé rapide et fidèle. Si vous avez fait à vos élèves une description vive, animée ; si vous leur avez donné une explication nette, accompagnée d'exemples bien choisis, ne craignez plus que les mots concis du livre leur paraissent froids et fastidieux ; ils réveilleront en eux, au contraire, des souvenirs que leur imagination se retracera avec plaisir ; ils seront devenus les *signes de leurs idées*, et les formules que ces livres contiennent se fixeront à jamais dans leur mémoire. Quel attrait éprouve un enfant à relire le conte qu'il a appris des lèvres de sa mère ! N'y a-t-il pas également pour ceux qui savent l'histoire un très grand charme dans certains noms ? C'est que ces noms s'associent à des souvenirs. Eh bien ! dans la proportion du grand au petit, il en est de même pour les enfants.

La méthode naturelle, soucieuse non pas tant d'épargner des efforts à l'enfant que d'aider et de faire fructifier ceux que tout travail exige, entremêle des devoirs *oraux* aux devoirs *écrits* dont les anciennes méthodes accablent les élèves. Elle ne proscrit donc pas les devoirs écrits, elle en restreint seulement l'usage; le caractère propre de la méthode naturelle est d'être synthétique, de tout coordonner et de ne rien exclure.

D'ailleurs il faut que l'enfant apprenne à traduire sa pensée avec la concision et la netteté que le langage écrit comporte seul. Mais en donnant peu de devoirs, surtout dans les premières années, on épargne un temps précieux d'une part, et d'autre part on acquiert le droit d'exiger que les devoirs soient rédigés avec réflexion et écrits proprement. Ils servent alors d'exercice d'écriture, en même temps que d'exercice de rédaction [1].

Ainsi, grâce aux moyens généraux que nous venons d'indiquer, aux procédés de détail qui s'y rattachent et dont nous parlerons en leur lieu, la méthode naturelle épargne aux enfants la passivité, l'inertie. Par la variété des exercices elle entretient l'attention. Ce mot célèbre d'un ancien : « Le changement de travail dé-

---

[1] L'abus des devoirs écrits, outre plusieurs autres inconvénients, a celui de faire de l'écriture des enfants un griffonnage indéchiffrable. Un autre système, qui fort heureusement disparaît, celui des *pensums* ou punitions écrites, est un moyen plus rapide encore et plus sûr de leur gâter la main, et cet inconvénient, quoique grave, est le moindre défaut du système des pensums; il en a d'autres qui portent beaucoup plus loin, comme de faire prendre en haine l'étude, le travail, le livre classique qu'on est forcé de copier, la leçon qu'on est contraint de réciter. En imposant le travail comme une punition, le pensum fait considérer l'étude comme un *supplice*. Enfin il en résulte une telle perte de temps, une telle surcharge de fatigue, que les devoirs sérieux et les études profitables en souffrent inévitablement. Quel mauvais calcul !

lasse presque autant que l'inaction », est une vérité *scientifique :* la physiologie l'a démontré. C'est un axiome irrécusable que, pour obtenir la plus grande somme de travail avec la moindre fatigue relative, il faut varier l'objet et la forme du travail ; cela est vrai de l'activité de l'intelligence comme des mouvements du corps,

Loin donc de s'effrayer des nouvelles matières que les nécessités de l'époque introduisent peu à peu dans l'enseignement, il faut les accueillir avec joie, comme des éléments précieux de variété, d'attrait et de progrès,

III. De l'ordre et de la discipline.

Nous l'avons expliqué plus haut : sous peine de voir souffrir et s'étioler la constitution de l'enfant, il nous est enjoint de lui épargner le supplice de l'immobilité. Quand même cette injonction devrait contrarier nos vues et nos habitudes, devant la menace d'une telle conséquence il n'est plus permis de résister; il faut se rendre.

L'immobilité ne doit être exigée de l'enfant que par séances d'autant plus courtes que l'enfant est plus jeune. Les récréations aussi doivent être courtes, mais multipliées; afin que le plaisir, comme le travail, soit proportionné à la délicatesse de l'âge.

La gymnastique, les chants, tous les exercices qui favorisent le jeu des organes, doivent être préférés aux jeux sédentaires qui, sous une autre forme, exercent encore et presque exclusivement l'intelligence. Quand le besoin de mouvement, si impérieux chez les enfants, aura été légitimement satisfait, il leur deviendra d'autant plus facile de demeurer tranquilles et calmes pendant les classes.

Nous avons entendu plusieurs fois élever des doutes sur la possibilité de maintenir l'ordre avec les procédés de la méthode naturelle. « Quoi ! nous a-t-on dit, l'intervention de l'enfant dans la leçon ! le dialogue ! l'animation de la classe ! le mouvement, fût-il contenu dans de certaines limites ! Tout cela est incompatible avec l'ordre si nécessaire, si indispensable à la bonne tenue d'une école ! »

D'abord, veuillez bien remarquer que l'ordre n'est point incompatible avec la liberté, sans quoi il n'y aurait de société possible que sous la tyrannie. L'activité libre et individuelle dans l'ordre général est, au contraire, la grande loi à laquelle obéit toute la nature, ce modèle admirable d'ordre, et de liberté. L'activité est la loi de la vie. Comment admettre alors qu'elle soit inconciliable avec l'ordre, qui est aussi une des grandes lois de la vie? Et si l'éducation n'est qu'une judicieuse préparation à la vie, comment y préparerait-elle par un régime diamétralement opposé à celui de la vie universelle? Écartons donc toute crainte vaine à cet égard.

Et croit-on qu'il soit difficile aux maîtres d'obtenir le silence, quand ils savent intéresser à ce qu'ils disent toutes ces imaginations vives et mobiles, quand ils entrent en communication avec leurs jeunes élèves, et font vibrer leurs sentiments naïfs, ou éclairent leur raison naissante? Ah ! croyez-le bien, quand l'attention est éveillée par l'attrait, l'ordre se fait de lui-même.

Savez-vous, au contraire, ce que deviennent ces actives imaginations pendant que le corps est maintenu dans une longue et insalubre immobilité ? Vous ne pouvez pas l'ignorer; c'est en vain que le livre reste ouvert devant les enfants. Pendant les trois quarts du temps consacré à l'étude, ils n'étudient pas : ils songent, et à quoi...?

D'ailleurs l'expérience est là, elle répond à nos scrupules. Entrez dans une *bonne* salle d'asile pendant le temps des classes; là vous verrez des enfants de quatre à six ans, sérieux dans la mesure de leur âge, et attentifs à la leçon qu'on leur donne, sans qu'on ait besoin de mettre en œuvre aucun moyen comminatoire. Et leur application à écouter la maîtresse n'empêche pas ces enfants d'être gais, souriants, expansifs. L'équilibre est maintenu chez eux entre le corps et l'esprit, et une égale satisfaction est donnée à toutes les exigences de leur constitution.

Qu'il en soit fait autant, dans une mesure proportionnelle, pour les enfants des écoles.

Nous voudrions voir de petites promenades organisées dans les localités où elles sont possibles : l'enfant a un immense besoin d'air et de lumière, parce qu'il a un immense besoin de voir et de respirer. Quand le temps est beau, que le soleil brille, on se sent mal à l'aise entre les murs de l'école; l'instinct du bien-être physique nous appelle au dehors; l'esprit court les champs pendant la classe, appelant le corps à l'y rejoindre. Pourquoi l'instituteur ne conduirait-il pas aux champs, pour une heure, toute sa volée d'oiseaux? N'y a-t-il pas là, comme ailleurs, bien plus qu'ailleurs, des sujets d'observation? Quelles leçons de géographie, de géométrie, d'histoire naturelle peuvent être plus fructueuses que celles qui seraient faites ainsi au milieu même de la nature?

Ce n'est pas toujours praticable malheureusement; aussi n'est-ce qu'une éventualité que nous signalons, persuadés que le zèle des maîtres les poussera à faire dans ce sens tout ce qui leur sera matériellement possible. Il faut bien reconnaître qu'en thèse générale on croit souvent impraticable ce que l'on n'a point encore essayé; nous connaissons personnellement des instituteurs de mérite qui, sans nuire le moins du monde au succès de leurs classes, savent trouver des heures pour faire observer directement sur le terrain, les faits qu'ils ont expliqués dans leurs leçons: nous signalons cet exemple comme bon à suivre.

IV. Du choix des procédés.

Quelquefois on s'est mépris sur les moyens employés par la méthode naturelle; on a cru y voir de simples jeux, et l'on a dit: « Si vous faites un jeu de l'étude, l'enfant pourra acquérir au vol certaines notions, mais il n'apprendra pas à s'appliquer; il importe, cependant, que l'enfant prenne de bonne heure l'habitude des efforts, du travail, de la lutte contre les difficultés de l'étude, afin de se préparer à surmonter victorieusement plus tard les difficultés beaucoup plus grandes qu'il lui faudra aborder. »

Ce raisonnement est très juste; mais en tombant sur la méthode naturelle il porte à faux. En effet, cette méthode n'enseigne point par des jeux et des moyens de plaisir; elle fait en sorte, au contraire, que l'enfant trouve du plaisir dans l'effort et l'application, et pour atteindre ce précieux résultat, la méthode n'a besoin que d'être ce qu'elle est : naturelle.

L'enseignement à l'aide de jeux n'est propre qu'à inscrire mécaniquement des mots ou des faits dans la mémoire de l'enfant, sans le mettre en frais de réflexions personnelles. La méthode naturelle, au contraire, met en usage les procédés qui requièrent le plus l'intervention active de l'intelligence. Elle aide l'enfant et le pousse à l'effort d'attention : elle ne l'en dispense pas.

Il faut d'ailleurs remarquer qu'il y a dans l'étude deux sortes de difficultés : les unes inhérentes à la matière même de l'enseignement; celles-là il n'y a ni à craindre, ni à espérer qu'on puisse jamais les supprimer. Les autres, artificielles, surajoutées, inutiles, tenant à l'imperfection des méthodes; celles-ci peut-on de bonne foi tenir à les conserver, comme s'il s'agissait de traditions précieuses? Ce serait nier le progrès qui est dans l'ordre de Dieu.

Prenons garde, quand il s'agit de discipliner l'esprit, d'aller au delà du but. Dites-nous si l'enfant sans cesse comprimé n'est pas dans une perpétuelle révolte contre la discipline? S'il n'attend pas avec impatience l'heure où il peut en secouer le joug? Et convenez que ce n'est pas ainsi qu'on lui donnera le goût du travail; à moins qu'on n'appelle de ce nom la stérile résignation dans laquelle finissent quelquefois par tomber les natures brisées.

Mais ce n'est pas de briser les enfants qu'il s'agit : il s'agit, au contraire, de les rendre forts pour l'accomplissement de la vie. Il faut constituer en eux un corps sain et une conscience vivante. C'est en favorisant leurs puissances vitales qu'on y parviendra, non en les déprimant.

De là vient que nous avons admis, surtout pour la première enfance, des procédés attrayants, mais non *divertissants*. On remarquera que nous avons pu, grâce à la méthode naturelle, devancer l'âge où l'on a coutume de commencer les leçons. Si on ne voulait pas recourir aux procédés que nous recommandons, on serait obligé, ou de soumettre les jeunes enfants au régime sévère dont nous avons dit les conséquences, ou de les laisser abandonnés à leurs fantaisies, livrés à leur seul caprice, inventant des jeux peu instructifs, peu bienséants quelquefois, et peu capables de les préparer aux aspérités de leurs futures études !

Oui, sans doute, l'enfant doit être préparé, habitué au travail, à la lutte, mais il doit l'être graduellement à mesure qu'il avance en âge. Non, sans doute, l'enfant n'est pas né pour considérer la vie comme une partie de jeu plus ou moins prolongée. Pour tout homme, toute femme, quelle que soit sa condition, la vie a de sérieuses exigences, des jours sombres et des crises laborieuses ; mais vouloir devancer l'heure marquée pour l'épreuve, faire boire par anticipation aux enfants la coupe amère que la providence elle-même a voulu écarter de leurs lèvres, cela révolte notre esprit, notre cœur et notre raison !

II

DES MATIÈRES DE L'ENSEIGNEMENT

DANS LA PÉRIODE ÉLÉMENTAIRE.

CONSIDÉRATIONS PRÉLIMINAIRES.

Après avoir exposé les principes de la méthode naturelle en éducation, et leurs applications dans la pratique, nous devons considérer chacune des matières de l'enseignement, et aborder les procédés, surtout en ce qui concerne les premières années. En restreignant ainsi notre champ d'opération, nous obtiendrons plus de précision et de clarté. Nos lecteurs intelligents trouveront d'eux-mêmes, au fur et à mesure, les modifications et les développements successifs que la marche de l'enseignement devra subir, pour rester constamment en harmonie avec les besoins de l'enfant qui croît et se transforme d'année en année.

Occupons-nous donc tout d'abord de la partie *élé-*

mentaire. Voyons comment nous pourrons nous mettre à la portée de nos jeunes élèves, et dans quelles limites il conviendra de rester. Ayons toujours à la pensée ce qu'il faut faire actuellement, et ce qu'il convient d'ébaucher pour l'achever plus tard.

Enfin cherchons de quelle manière, et à l'aide de quels moyens, nous pourrons le mieux faire pénétrer les premières connaissances dans l'esprit de nos élèves, les relier les unes aux autres; et justifier ainsi, dès le début, le nom de *Méthode naturelle* que nous avons adopté[1].

---

1. Chacune des années du cours est accompagnée d'un *Manuel des Maîtres*, indiquant ces modifications, et donnant tous les renseignements dont les maîtres et maîtresses peuvent avoir besoin pour préparer leurs leçons.

CHAPITRE PREMIER.

DE L'ENSEIGNEMENT RELIGIEUX.

L'enseignement religieux doit être considéré à deux points de vue ; comme Instruction religieuse proprement dite (histoire et doctrine) ; et comme direction à donner au sentiment religieux. Les derniers règlements universitaires confient aux ministres des divers cultes l'enseignement religieux proprement dit. Actuellement l'instituteur n'est même plus chargé comme autrefois de les seconder en faisant répéter aux enfants les leçons du catéchisme. *L'interprétation* des textes religieux entraîne une responsabilité très grave, elle demande une science et une autorité qui dépassent les attributions des instituteurs primaires. C'est au *Catéchiste* qu'il appartient d'expliquer les dogmes [1].

---

1. Il est arrivé parfois que les personnes les mieux intention-

Quant au développement du sentiment religieux, il doit résulter de l'esprit donné à l'enseignement. Ici il n'est pas besoin de science théologique, et les maîtres seront à la hauteur de leur tâche s'ils comprennent dans toute son étendue le précepte d'amour « *qui résume toute la loi* ». Quand l'enfant aura été conduit à sentir, autant qu'il est en lui, l'idée de Dieu; la beauté morale des grandes lois auxquelles obéit la nature, alors vous lui direz que ces lois admirables sont la réalisation de la pensée divine; que nous aussi, nous devons nous conformer aux lois supérieures et éternelles de justice et d'amour. Vous lui ferez comprendre, à mesure que son intelligence se développera, que notre devoir consiste à établir en nous, et parmi nous, *ce règne de Dieu,* que nous appelons chaque jour dans notre prière, et qui se manifeste sous toutes les formes dans l'ordre merveilleux de la nature. Mais c'est surtout au fond de sa conscience qu'il faut faire sentir à l'enfant la *loi de Dieu;* dans le sens intime qui lui révèle sa responsabilité, et la valeur morale de ses actes. Faites-lui comprendre que le discernement du *bien* et du *mal* est la plus élevée des facultés que Dieu a mises en nous, celle qui nous fait distinguer ce qui est conforme ou opposé à ses lois éternelles. Quelle que soit la doctrine religieuse enseignée aux élèves d'une école libre, elle ne doit pas l'être seulement de bouche et de préceptes; elle doit l'être

nées, en voulant donner des interprétations, se sont attiré les censures de l'Église. C'est une raison décisive pour engager les maîtres à se tenir dans une prudente réserve.

surtout *pratiquement*, par la sincérité du maître, par la vue élevée de tous ses enseignements, et par la conformité de ses actes avec les sentiments qu'il exprime.

CHAPITRE II

DE L'ÉTUDE DE LA GRAMMAIRE.

L'étude de la langue maternelle a toujours été considérée comme un élément de premier ordre en éducation. Les anciennes méthodes, poussant jusqu'à l'extrême les conséquences d'une opinion que personne ne contestera, donnaient à l'enseignement de la grammaire, non-seulement la part la plus large, mais une prépondérance excessive. Et comme en lui accordant cette prépondérance, d'une part, on avait, d'autre part, restreint l'étude de la langue à une simple *grammaire de mots*, c'est-à-dire à une seule des parties qui composent cette étude, tout semblait conspirer à stériliser cet unique élément de développement intellectuel.

On ne comprend ordinairement dans l'enseignement de la grammaire que l'étude des mots, leur rôle dans le discours, leurs modifications diverses, leur orthographe ; puis les rapports qui les unissent, c'est-à-dire la syntaxe.

Pour rendre l'étude de la langue maternelle plus

complète et plus féconde, tant pour le progrès du langage en lui même qu'au point de vue du développement des facultés, nous joindrons à ce qu'on enseigne les rapports du langage avec la pensée.

Quelques éducateurs modernes des plus distingués, et parmi eux le père Girard, ont donné la plus grande extension à l'*étude de la langue,* comprenant sous ce titre la *grammaire des idées,* et non plus exclusivement la *grammaire des mots.*

Ce dernier même est allé si loin sous ce rapport, qu'il nous semble être tombé dans l'extrême. La grammaire, dans la vaste acception qu'il accordait à ce mot, constituait pour lui à peu près le seul enseignement à donner à l'enfance ; ou plutôt encore, il la considérait comme le moyen universel pour communiquer à l'enfant des notions de toutes sortes, et il reléguait à l'arrière-plan les éléments des sciences naturelles, et le procédé de l'observation directe. Cela est à regretter, car en pédagogie toute exclusion, toute restriction systématique est une faute. Du moins cette erreur est-elle infiniment moins grave que celle dans laquelle tombaient les anciennes méthodes qui, en restreignant l'éducation à l'étude du langage, restreignaient en même temps celle-ci à la plus étroite, à la plus aride étude de mots.

Pour nous, l'enseignement de la grammaire est non-seulement l'étude de la langue, mais un des principaux moyens de susciter l'*idée,* dont le langage est le *signe.* Ceci est une des qualités saillantes de la méthode naturelle, car de tous les moyens qui concourent au développement de l'intelligence, le plus élevé, le plus universel, c'est le langage : le langage sans lequel la pensée elle-même resterait diffuse, flottante, indéterminée, et de plus, incapable de s'étendre et de se transmettre.

L'homme se parle à lui-même sa propre pensée avant de la communiquer aux autres : ce n'est même qu'à ce moment qu'elle lui est nettement révélée; et cette influence du langage sur la formation des idées est tellement considérable, que l'on pourrait attribuer la plus grande partie de nos erreurs à des erreurs de mots, à des fautes de langage.

Donnez, en effet, à une idée son mot exact et précis, de ce moment la confusion devient impossible, le jugement prend une sûreté, une précision complète. Ce qui nous trompe, hélas! bien souvent sur la valeur des idées, c'est qu'on nous les représente sous des mots artificieux qui les travestissent, et jettent notre esprit dans l'erreur.

Notre langage familier manque aussi de précision, et notre jugement s'en trouve faussé. Sans doute, la conversation ne peut emprunter la rigueur que nous exigeons à bon droit du langage écrit; elle y perdrait cette spontanéité qui en fait la fraîcheur et la grâce; mais l'excès contraire a de véritables inconvénients.

En France, la langue du peuple est incorrecte et sans élégance; il ne serait pas impossible peut-être d'y porter remède. Ce serait un progrès désirable, car la pureté du langage n'est pas sans influence sur les mœurs. Pour tenter d'y parvenir, nous mettrons en œuvre deux moyens ; le premier, essentiellement pratique, consistera à faire prendre aux enfants l'habitude de s'exprimer correctement. Nous n'irons pas, toutefois, jusqu'à proscrire le charme enfantin de certaines locutions qu'ils affectionnent, mais nous ne tolérerons rien qui soit radicalement contraire aux règles de la langue ; et nous commencerons ce redressement dès que nous recevrons l'enfant des mains de sa mère.

Le second moyen sera l'étude *raisonnée* du langage, de la *grammaire* proprement dite. Cette étude devra être suivie, sérieuse ; commencée aussitôt qu'elle pourra l'être utilement. Préparons-la, tout d'abord, en exerçant l'intelligence des enfants sur les phrases les plus élémentaires, afin de les conduire de là, graduellement, à un enseignement plus étendu.

CHAPITRE III.

DE L'ÉTUDE DES ÉLÉMENTS D'ARITHMÉTIQUE.

La connaissance des nombres est nécessairement une science abstraite. Cependant, son importance est telle, que de tout temps on en a fait commencer l'étude de bonne heure. La nécessité d'employer pour cet enseignement des procédés *concrets*, des moyens frappant les yeux, est d'autant plus rigoureuse que nous nous adressons à un âge plus tendre ; malheureusement on ne le comprend pas toujours. Dans la plus grande partie des cas, on se butte à faire entrer dans la tête des enfants la notion abstraite du nombre, sans la revêtir d'une forme sensible, sans la *constituer*, pour ainsi dire, sous des apparences saisissables.

En abordant ainsi à faux la difficulté, on la rend insurmontable, et alors qu'arrive-t-il ? L'enfant ne pouvant saisir cette notion abstraite, la leçon qu'il a reçue, ou plutôt les mots incompris, presque cabalistiques, qu'il a entendu prononcer, ne font que tourbillonner dans son cerveau. Si, par une merveilleuse complaisance de sa mémoire, il arrive à mettre dans les chiffres un certain ordre, et à les combiner d'une certaine manière, il ne comprend pas les opérations qu'il exécute.

Combien avons-nous vu d'enfants, après de longues études, réaliser machinalement des opérations arithmétiques compliquées, tout en restant incapables de résoudre le plus simple problème, la plus usuelle des questions que la pratique de la vie nous pose sans cesse? D'où vient cette étrange anomalie? De ce que, par la faute des procédés illogiques employés pour leur enseignement, ces enfants n'ont appris qu'à manœuvrer des *chiffres*, et non à combiner des *nombres*.

Pour éviter un pareil écueil, et rendre accessibles à l'intelligence des enfants, dès leur plus bas âge, les notions élémentaires du calcul, les maîtres fidèles au principe de la méthode naturelle doivent présenter tout d'abord la notion des nombres sous une forme concrète. Ils doivent faire compter, ajouter, soustraire, grouper de différentes manières des *unités* d'objets quelconques. Encore doivent-ils varier souvent la nature de ces objets. Puis ils dégageront peu à peu des choses visibles la notion *pure* et abstraite des nombres [1].

Dès que le jeune élève se sera familiarisé avec les opérations fondamentales, réduites, bien entendu, à leur plus simple expression, le maître devra lui en

---

1. Nous parlons plus loin du boulier-numérateur destiné à cet usage.

présenter des applications immédiates et faciles, sous forme de *petits problèmes* pratiques à son usage; de telle sorte que l'enfant devienne capable d'indiquer lui-même l'opération qui est à faire, pour résoudre chacune des questions posées.

Ainsi fait, le calcul, loin de se réduire à une suite d'opérations machinales, deviendra un excellent exercice de raisonnement, et l'enfant s'habituera sans peine à faire l'application des propriétés abstraites du *nombre* aux divers cas pratiques ou théoriques que les circonstances pourront lui présenter.

CHAPITRE IV.

DE L'ÉTUDE DES ÉLÉMENTS DE GÉOMÉTRIE APPLIQUÉE ET DE DESSIN LINÉAIRE.

Deux études étroitement liées entre elles, la géométrie et le dessin linéaire, réclament à juste titre une place dans l'enseignement. Exclure complétement les éléments d'une science quelconque, c'est, avonsnous dit, briser un anneau de la chaîne des connaissances, et laisser une lacune dans l'intelligence. Ici surtout ces considérations sont péremptoires: la géométrie est la clef des sciences naturelles.

Sans la géométrie, les plus simples lois de la physique générale demeurent incompréhensibles; sans elle une connaissance raisonnée du système métrique et de ses applications est absolument impossible, et la plus importante des études au point de vue commercial et industriel se réduit forcément à une routine inintelligente. Sans la géométrie on ne peut comprendre la plus simple explication des lois du repos et du mouvement, bases de la mécanique, cette science aux applications fécondes, que notre époque industrielle s'efforce de vulgariser. Que sera pour notre élève une carte géographique s'il ignore ce que c'est qu'un *plan*, ce que c'est qu'une opération d'arpentage ? Que disent à ses yeux et à son intelligence les lignes tracées sur nos sphères et nos mappemondes, si les principales propriétés de la ligne droite et du cercle lui sont inconnues ? Sans les éléments de la science de l'étendue, comment donnerons-nous à l'enfant une idée juste et claire du système dont le soleil est le centre, et dont notre monde fait partie ?

Les notions élémentaires de géométrie et de dessin linéaire sont en outre la base de tous les arts industriels. Si la jeune fille, le jeune garçon, doivent recevoir plus tard un enseignement professionnel, il importe au plus haut point qu'ils soient initiés dès l'école primaire à ce genre de connaissances. L'étude de la géométrie pratique et le dessin linéaire donnent à la main de la fermeté, développent l'adresse naturelle, et préparent à l'étude du dessin artistique et du dessin d'ornement la base la plus solide.

Si les arts industriels ne peuvent se passer de la géométrie, les arts libéraux eux-mêmes y ont sans cesse recours : le peintre l'invoque sous le nom de perspective; le sculpteur lui demande les conditions de stabilité et l'*ensemble* de ses figures; elle règne en souveraine dans l'architecture. Nous n'avons pas, direz-vous, à former des peintres, des sculpteurs, des architectes. C'est vrai, aussi nous ne vous demandons pas de faire approfondir par vos élèves les études de perspective et de dessin. Mais si vous voulez, comme vous devez le vouloir, qu'ils sachent plus tard sentir et comprendre les beautés que l'art exprime, il faut que préalablement l'*éducation de l'œil* ait été faite en eux. Un beau tableau, un noble édifice, sont comme un poëme, comme une symphonie; leurs beautés sont perdues pour l'ignorance. Faut-il donc qu'un homme, ou une femme, soit réduit au silence et à l'ennui chaque fois qu'une conversation touchant à l'art s'engage en sa présence ; ou que les personnes à qui les beaux sujets sont familiers se condamnent, par déférence pour cet homme ou cette femme, à se maintenir en leur présence sur le terrain des banalités ?

Comme éducation des facultés intellectuelles et perceptives, l'étude de la géométrie n'est pas d'une moindre importance. Elle fait naître en nous l'intelligence des formes et nous fait découvrir le trait primitif sous la multiplicité et la variété des détails. Elle cultive l'instinct de l'ordre et de la symétrie; elle habitue à raisonner avec rigueur, et à apprécier avec exactitude.

A tant de sérieux avantages on opposera peut-être que la géométrie est une science aride, exigeant une profondeur de réflexion dont la femme particulièrement n'est point capable; une science abstraite et difficile qu'il faut laisser aux hommes et même aux savants. Avancer une telle objection serait montrer que l'on n'a pas compris notre méthode d'enseignement.

Nous savons parfaitement à quelle limite il faut s'arrêter en pareille matière. Nous n'avons pas l'intention d'accabler nos jeunes élèves de théorèmes, ni de tout l'appareil scientifique qui convient en d'autres circonstances. Nous nous bornons, en fait de théorie, aux règles élémentaires ; encore avons-nous soin de les présenter sous une forme concrète.

Nous enseignons à l'enfant quelques exercices récréatifs de dessin et de géométrie ; nous l'aidons à trouver lui-même d'autres combinaisons. Nous lui préparons de précieuses facilités pour comprendre certaines opérations d'arithmétique, au moyen de *figures*, de petits cubes diversement groupés, qui, offrant l'avantage de parler directement aux yeux, se gravent nettement dans la mémoire.

Et maintenant faut-il répondre à ce préjugé, trop accrédité, qui accuse l'étude des sciences mathématiques, l'étude des *sciences positives*, comme on dit, d'éteindre l'imagination et de refroidir le cœur ? Les mathématiques ne sont pas la littérature, cela est évident ; un cours de géométrie n'est pas davantage un cours de morale (bien qu'un enseignement moral se doive retirer de toute chose). S'ensuit-il que la géométrie soit une science desséchante, et l'algèbre une connaissance dangereuse pour le goût littéraire ? Si des esprits uniquement adonnés aux sciences exactes voient quelquefois s'atrophier en eux le sens poétique ; si les sentiments eux-mêmes reçoivent chez certains d'entre eux une lésion, ce n'est pas la science rigoureuse et positive qui a tué ces nobles facultés ; c'est l'exclusion des études littéraires, des préoccupations affectueuses et morales ; l'*exclusion*, qui est la mutilation de l'intelligence.

La culture d'une faculté ne peut jamais être dangereuse, c'est la non-culture des facultés qui est un danger et un préjudice.

Vérité élémentaire! Se peut-il qu'on ait pris le change? L'étude des sciences exactes mise à son lieu et place dans l'éducation, complète le cercle du développement intellectuel; et, loin d'entraver l'essor de l'imagination, lui donne une impulsion nouvelle, lui ouvre un champ nouveau, immense et lumineux!

CHAPITRE V.

DE L'ÉTUDE DE LA GÉOGRAPHIE.

De toutes les sciences que l'on réunit sous le nom de sciences naturelles, la géographie a longtemps été la seule dont les éléments fussent régulièrement enseignés dans l'école primaire. Elle y est entrée d'urgence, mais tardivement. La géographie, malgré son titre de science d'*observation*, fut longtemps enseignée comme l'étaient la grammaire et l'arithmétique : on en faisait un exercice de mémoire, de nomenclature, de mots ! Encore un catalogue ! Encore des pages à réciter, des noms à retenir ; et, conséquence inévitable, encore une étude reçue en ennemie.

Pourtant la géographie est une science belle et intéressante au premier degré. La terre, notre séjour et notre royaume, les grands traits de la nature tour à tour sauvage et riante, la plaine cultivée par l'homme, les fleuves qui l'arrosent, les montagnes avec leurs hauts sommets tout blancs de neige, les climats glacés du pôle et les zones brûlantes des tropiques, tant de pittoresque et tant de contrastes, font de la géographie la plus attachante des études, le sujet de leçons le plus inépuisable. Oh! certes la géographie a de quoi tenir sous le charme un auditoire de n'importe quel âge, le conteur habile serait écouté avec avidité ; et à la faveur de ces tableaux animés (qui sont de la science aussi), ce qu'il y a d'aride dans l'étude passerait sans résistance. Les noms de contrées, de mers, de montagnes, auxquels viendraient se rattacher des faits, des impressions, éveilleraient des souvenirs, et se graveraient sans effort dans la mémoire des enfants. Mais au lieu d'agir ainsi on se contente de mettre entre leurs mains un livre aride, c'est-à-dire une nomenclature ; la carte, c'est-à-dire une énigme.

Nous ne reviendrons pas ici sur ce que nous avons dit du livre classique en général. Le livre de géographie qui est approprié à l'âge et aux facultés de l'enfant répond à ce qu'on est en droit de lui demander. Il est bon dans son rôle ; c'est la manière d'en user qui est souvent mauvaise.

Quant à la carte, elle est excellente, mais lorsqu'on la comprend déjà. La mettre sans préparation entre les mains des commençants est une inadvertance. La carte géographique ne représente la terre que d'après certaines conventions ; or si l'enfant n'a pas la moindre idée de ces conventions, que peut-il voir dans la carte, surtout s'il ignore ce que c'est qu'un *plan?* Cette carte, lui dit-on, représente la terre : étrange représentation pour un enfant, il faut en convenir. On lui dit que la terre est sphérique, et la carte est plane ; que la surface de la terre est accidentée, et celle de la carte est unie.... Avant que l'enfant ait appris à comprendre la carte il ne faut pas la lui mettre sous les yeux.

La description de la terre se divise en deux parties : la géographie physique et la géographie historique qui touche à l'histoire, et dont la géographie *politique* n'est qu'un rameau. Pour préparer les enfants à cette seconde partie, il faut d'abord leur donner de bonnes notions de la première, afin qu'ils se fassent une idée juste de ce qu'on appelle les accidents de la surface de la terre, et la configuration des continents. La géographie doit donc être d'abord descriptive ; et pour être logique, c'est par la *topographie* qu'on doit la commencer. La première carte de l'enfant doit être le sol sur lequel il marche. Que de ressources vous offriront chez lui les yeux et le souvenir ! La colline qu'il connaît est le point de départ pour lui enseigner la montagne ; le ruisseau qui coule à ses pieds est l'image réduite du fleuve ; la rive de l'étang offre en petit le contour des rivages ; etc., etc. Ce n'est qu'en élargissant graduellement le cadre de ses découvertes que l'enfant arrivera à se représenter une vaste étendue, la forme d'un continent, la division d'un territoire. Donnons-nous bien garde de lui faire répéter machinalement les *noms*, avant qu'il ait une idée exacte des *choses*. Lorsqu'il aura enfin compris la carte de manière à s'y diriger facilement, et que la *mémoire des yeux* viendra en aide à la mémoire de l'imagination, il sera temps d'aborder la géographie historique et politique, sur laquelle vous aurez encore tant d'intéressantes choses à dire !

CHAPITRE VI.

DE L'ÉTUDE DES SCIENCES NATURELLES.

Là où l'étude des sciences naturelles n'est pas proscrite, elle est généralement trop restreinte et manque d'applications. Parfois on fait apprendre aux élèves arrivés à la fin du cours, comme un complément plus ou moins facultatif, quelques traités de botanique, de zoologie, etc. Mais les élèves, rebutés par de longs et fastidieux enseignements, voient avec ennui un nouvel exercice de mots s'ajouter au programme ; ils en abordent l'étude avec indifférence, et apprennent le texte du livre sans songer à le comprendre. Une série de noms étranges dont ils ne cherchent pas à pénétrer le sens, quelques chapitres d'une classification qu'ils croient arbitraire, voilà tout ce qui les frappe, et laisse dans leur mémoire des traces légères, superficielles, que les distractions du monde vont bientôt faire disparaître. Il en résulte que l'immense majorité des hommes et des femmes ne possède aucune notion précise des choses naturelles, et s'en tient à des impressions vagues, mêlées des plus étranges préjugés.

Ainsi, sur ce sujet encore, nuit close. La foule voit se dérouler autour d'elle le magnifique spectacle de la nature ; elle y assiste avec indifférence. Elle s'habitue à le considérer comme une sorte de mystère étranger à sa vie, à ses intérêts ; ne connaissant rien de la nature et de ses rapports avec l'homme, le côté élevé des choses humaines lui échappe, le sens profond de l'histoire lui est inaccessible.

L'homme est fait pour vivre en étroite communication avec la nature ; les liens qui l'y rattachent sont des plus intimes, et il n'est pas en son pouvoir de les détruire. Destiné à agir sur elle, et à recevoir en même temps la réaction de ses forces, il doit nécessairement la connaître. La connaissance de leurs rapports est la science féconde par excellence. Pour n'envisager ici que le côté purement pratique, elle a donné lieu à deux vastes et grandes applications : l'industrie et l'hygiène ; l'industrie, action transformatrice de l'homme sur les objets naturels ; l'hygiène générale, science (trop peu vulgarisée) de l'action de la nature sur le physique de l'homme.

Tant que l'homme n'a point connu les lois universelles, tant qu'il n'a point su s'en faire des auxiliaires, il est resté plongé dans les ténèbres de la barbarie ; s'il en est enfin sorti, il le doit aux conquêtes qu'il a faites de ce côté. A mesure qu'il découvre les lois de la nature, qu'il s'empare de ses forces et les exploite au profit de lui-même et des siens, son horizon intellectuel et moral s'élargit; il s'affranchit graduellement de l'esclavage auquel les plus impérieux besoins physiques le réduisaient. Dès lors, soustrait à leur écrasante tyrannie, il peut exercer librement son intelligence, et s'attacher à la poursuite des sciences et des vérités qui font sa plus haute richesse. L'instinct du beau, le sens artistique, se manifestent et se développent. Le penseur, le poëte, l'artiste apparaissent parmi les hommes; en même temps les mœurs s'adoucissent; les faits de la brutalité antique, enregistrés par l'historien, deviennent un objet d'horreur pour l'homme de nos jours. Telle est la marche de cette chose complexe, si imparfaite encore et parfois si déviée, mais essentiellement progressive : la CIVILISATION.

Au point de vue du développement intellectuel, l'étude de la nature offre d'immenses ressources. De même que le langage apprend à combiner les idées et exerce le raisonnement, de même les sciences d'observation font éclore les idées, et développent les facultés perceptives.

L'absence des notions d'histoire naturelle dans un plan d'éducation est d'autant plus difficile à expliquer, que de toutes les études c'est celle qui correspond le mieux aux goûts du jeune âge. L'enfant est surtout curieux de faits, de réalités visibles et palpables. C'est pour ce motif que les procédés de la méthode naturelle, et en particulier la *leçon de choses*, ont fait tant d'emprunts à la nature; elle est leur champ le plus vaste, le plus riche, et par-dessus tout, le plus attrayant.

Mais si rien n'est plus propre à étendre les idées que l'étude de la nature, il faut, pour en comprendre la synthèse imposante, posséder préalablement une certaine somme de connaissances, sans laquelle les plus grands spectacles seraient pour nous de muets hiéroglyphes. Sans doute il n'est pas besoin d'être savant pour sentir son cœur ému, son esprit intéressé à l'aspect d'une belle fleur ou d'un riant paysage ; mais ce n'est là qu'une sensation ; elle s'évanouit sans laisser de traces utiles. Si on veut que le langage de la nature se précise, il faut y joindre l'observation attentive, détaillée, scientifique. L'étude des phénomènes naturels est profondément religieuse ; elle élève l'âme vers l'infini. Il n'est pas possible que celui qui a contemplé avec intelligence le spectacle des cieux et de la terre, puisse apporter dans la vie pratique l'étroitesse de jugement, la sécheresse de cœur qui stérilisent l'existence de tant d'êtres faits pour une noble fin. Nous qui voulons *élever les cœurs*, ayons recours à cette étude. Que l'enfant, au sortir de l'école, emporte en son intelligence une idée aussi juste que le permettent son âge et ses facultés, de l'immensité de la nature, de sa simplicité sublime, de la fécondité des lois qui la régissent.

CHAPITRE VII.

DE L'ENSEIGNEMENT DE L'HISTOIRE.

L'enseignement chronologique de l'histoire serait une étude bien sévère et bien stérile pour les débuts de l'instruction. Il s'agit avant tout d'intéresser les enfants à cette étude. Les premières années doivent être consacrées à éveiller graduellement leur attention sur ce sujet ; l'histoire doit leur être présentée sous une forme anecdotique, et les faits racontés doivent être non-seulement choisis au point de vue moral, mais présentés d'une manière vivante et pittoresque. Que l'instituteur y mette un peu de cette *action* tant recommandée à l'orateur, afin que son récit fasse tableau dans l'imagination des petits élèves. Les enfants aiment dans un récit ce qui est dramatique. Sans doute il faut s'abstenir d'exalter ce goût au delà de la mesure ; il faut éviter avec soin les scènes violentes, les émotions trop fortes ; écarter ou voiler les monstruosités qui assombrissent l'histoire. Nous devons néanmoins donner du mouvement à nos figures; les faire parler, agir, vivre, en un mot! Une *action* intéresse toujours plus qu'une *description*; mais il faut éviter en même temps de transformer les hommes antiques en personnes modernes, et se garder par exemple d'appeler Socrate : *Monsieur*[1].

Il faudrait aussi que chaque récit détaché présentât, autant que possible, un tableau de mœurs contemporaines du fait raconté; par exemple la vie pastorale des patriarches sous la tente; ou la vie mystérieuse des druides dans les forêts qui couvraient autrefois le sol de notre patrie. Il faudrait que l'on comparât chaque fait aux autres faits; chaque époque aux autres époques, de manière à faire ressortir la marche progressive de l'humanité. Il n'est pas plus difficile à l'instituteur de mettre ces idées à la portée des enfants, que de leur faire comprendre la première anecdote venue. En agissant ainsi nous amasserons peu à peu des matériaux, et nous préparerons le terrain pour l'enseignement ultérieur de l'histoire universelle.

[1]. Historique.

III

DE L'ORGANISATION ET DES PROCÉDÉS

DE L'ENSEIGNEMENT

SPÉCIALEMENT DANS LES PETITES CLASSES.

CHAPITRE PREMIER.

DE LA LEÇON DE CHOSES.

I. Ce que c'est que la leçon de choses.

La *leçon de choses* n'est point une branche spéciale d'instruction comme certaines personnes inclinent à le penser. C'est simplement une forme donnée aux divers enseignements, forme générale, flexible, et multiple à l'infini, mais qui a pourtant des principes et des règles. Ces principes et ces règles il est bon de les connaître, afin de pouvoir adapter avec sûreté la forme élastique de leçon de choses au cercle entier des connaissances enfantines.

Il n'est pas une mère qui, sollicitée par les pressentes questions de son enfant, et mettant entre ses petites mains l'objet de sa curiosité, n'ait été entraînée à lui expliquer l'usage de cet objet, sa forme, sa provenance. Enseignement naïf et familier, toujours écouté par l'enfant avec une attention extrême et une curiosité avide. Aimable entretien dans lequel la mère voit avec ravissement s'éveiller une à une les facultés de son enfant, et dans lequel elle trouve elle-même une joie qui est sa plus douce récompense. Qu'est-ce donc que cet enseignement fait sur nature ? Cet entretien où la grâce et la complaisance sont substituées à la rigueur des formes scolastiques ? C'est une *leçon de choses*. Le procédé est simple et naturel, il est à la portée de tous. Il suffit de le faire remarquer pour le faire apprécier.

Élémentaire avec le petit enfant, simple, naïvement dialogué, il peut s'étendre et se développer graduellement jusqu'aux plus hautes études, sans rien perdre de son caractère et de sa fécondité.

Transportons-nous dans un atelier modèle. Là, nous voyons le maître, expert dans les procédés de son art ou de son métier, guider les premiers essais de l'apprenti ; mettre sous ses yeux et entre ses mains les outils et les instruments dont il doit se servir ; lui dire leur nom, lui démontrer, par son exemple, les détails pratiques de leur usage. Que fait ce maître ? Une *leçon de choses*.

Pénétrons dans un amphithéâtre ; le professeur, en présence d'un auditoire sérieux qui recueille religieusement sa parole, développe les profondes théories des sciences physiques. Entouré de ses fourneaux, de ses cornues, de ses magiques instruments, il en appelle sans cesse au témoignage de l'expérience; il exécute, sous les yeux mêmes de ses disciples, les délicates et brillantes opérations dont il les entretient; ce savant fait une *leçon de choses*.

Et ces charmantes soirées scientifiques de la Sorbonne, où les savants les plus illustres descendaient des hautes régions de l'enseignement, pour mettre à la portée d'un auditoire composé de gens du monde les phénomènes de la nature, et les merveilleuses applications de la science à nos industries : qu'étaient-elles encore, sinon de brillantes *leçons de choses?*

Le procédé n'est donc pas nouveau; et personne ne peut se flatter de l'avoir inventé. La sanction de la pratique lui est acquise, et nous n'avons pas besoin de chercher d'autres exemples pour démontrer que la leçon de choses convient à tous les âges, à tous les degrés de l'enseignement; qu'elle peut prendre tous les tons, affecter les formes les plus variées, s'adapter à toutes les circonstances, s'appliquer à tous les sujets.

Dans l'éducation de la première enfance, la leçon de choses est le seul procédé raisonnable.

Avant même que nos petits élèves sachent lire, pendant les premiers mois qu'ils consacrent à cette étude préliminaire, il importe de leur apprendre à vérifier le témoignage de leurs sens. Il faut les habituer peu à peu à se rendre compte des faits qui les frappent; à s'intéresser aux objets qui les entourent; à employer les mots dans leur sens propre. Aidez l'enfant à sortir par degrés des ténèbres de la vie instinctive; éclairez doucement l'éveil de ses facultés, et guidez ainsi le premier exercice de son intelligence.

L'enfant sent, calcule, juge, avant toute leçon ; mais il est nécessaire de mettre de la lumière dans ces opérations inconscientes, de débrouiller *l'échevelet des fils de sa pensée*, comme l'a dit en une gracieuse métaphore un poëte, une femme, une mère, dans un temps déjà reculé [1].

Il faut aussi préciser, dans l'esprit de l'enfant, les vagues et fugitives notions qu'il possède sur ce qui l'entoure dans le milieu où se passent ses journées. Sur ces enseignements simples et familiers s'appuiera toute la suite de son instruction. Il importe donc que la base soit bien établie. Ce n'est pas tout encore : il faut que le cercle des enseignements, quoique très-petit, soit complet. Certaines lacunes, certaines places absolument obscures se révèlent à l'œil de l'observateur dans le champ encore étroit des notions que possède l'enfant le plus intelligent ; il faut absolument combler ces lacunes, sans quoi l'édifice chancellerait. Plus tard, certaines notions que vous voudriez confier à l'intelligence flotteraient sur le vide.... Rappelons nos premiers souvenirs ; chacun de nous y trouvera la confirmation de ce que nous venons d'avancer.

Les règles de la leçon de choses se déduisent des procédés naturels de l'entendement. Elles en suivent la marche, et prescrivent de ne donner les diverses indications que dans l'ordre où se succèdent les perceptions de l'enfant. Car les perceptions de l'enfant ne s'éveillent point au hasard, ni pêle-mêle. L'esprit

---

1. Clotilde de Surville au quinzième siècle.

s'assimile les notions par une série d'opérations consécutives, comparables aux opérations physiques par lesquelles s'alimente le corps. On peut appliquer avec certitude à l'un ce qui a été dit de l'autre : « Ce n'est pas ce qu'on mange qui nourrit ; c'est ce qu'on digère. » Mais la digestion n'est que le dernier acte d'une série d'actes régulièrement conduits : de même il n'y a profit intellectuel pour l'enfant que lorsque les différentes opérations de son intelligence ont été régulièrement conduites.

Les maîtres et les parents sont quelquefois bien blessés et humiliés quand, au milieu d'une leçon arbitrairement conçue, où ils mettent avant ce qui devrait être après, ils s'aperçoivent que leurs élèves ne les écoutent plus, jouent, ou rêvent à autre chose. Que ceci les éclaire. On dit souvent aux maîtres : « Soyez intéressants. » Nous leur dirons simplement : « Conformez-vous aux procédés naturels de l'intelligence. »

II. Plan et marche de la leçon de choses.

Pour faire une bonne leçon de choses, il faut, disons-nous, se conformer à l'ordre dans lequel se succèdent les manifestations de l'intelligence. Cet ordre le voici : lorsque vous présentez à l'enfant un objet qui lui est inconnu, il est d'abord frappé par la couleur de cet objet. — Puis il en distingue la forme. — Puis il vous dit : « A quoi cela sert-il ? » — Puis, quand il en connaît l'usage, il s'informe de la matière dont l'objet se compose, puis enfin de son origine ou mode de fabrication, etc.

Ainsi la *couleur*, la *forme*, l'*usage*, la *matière* et la *provenance* des objets, telle est la succession naturelle, et la marche des idées que font naître les observations de l'enfant.

La leçon de choses doit correspondre à ces idées dans l'ordre où elles se succèdent.

Mais bientôt l'élève possédant les premières notions d'une foule d'objets, son attention glissera sur certaines particularités d'un objet pour s'arrêter à celle qui le frappera davantage. Ainsi, lorsque vous lui présenterez un épi mûr, l'attention de l'enfant ne s'arrêtera pas à la couleur, qui n'a plus rien de nouveau pour lui; il passera outre, pour se préoccuper ou de la destination du grain, ou des phases de son développement. Il faut suivre l'élève du même pas, car il y aurait faute à le retenir sur un point que son intelligence a déjà franchi.

Le dialogue est la forme naturelle de la leçon de choses. Cette forme permet d'apprécier la direction que prend l'imagination des élèves; et leurs réponses suggèrent aux maîtres les moyens de diriger la leçon. Nulle contrainte, nul effort n'attriste les leçons ainsi faites. L'enfant use franchement de la part active qui lui est laissée, et l'instituteur, certain de sa route, arrive sûrement au but.

N'exigeons pas, cependant, plus qu'il n'est au pouvoir des enfants de nous accorder. Une attention générale soutenue est rarement possible. La leçon de choses bien faite obtiendra toujours l'attention *collective* de l'auditoire enfantin; ce qui n'empêchera pas plusieurs de ces petites têtes d'avoir leur moment de distraction; quelques paroles inutiles s'échangeront parfois, quelque enfant incapable de se contenir abandonnera la leçon. Soyez d'avance préparés à ne pas vous interrompre ni vous impatienter pour si peu. Continuez pour la masse; le moment d'inattention passera, et, chose surprenante mais prouvée, l'enfant inattentif aura profité de la leçon malgré les apparences.

Mais si la masse des enfants semble fatiguée, indifférente, distraite, soyez assuré que c'est votre faute, et mettez fin à votre leçon ou changez-en la marche. La flexibilité de la méthode vous offre tant de ressources! Un trait plus vif, l'exhibition d'un objet agréable ou inconnu, une gentille anecdote, réveillera votre auditoire; et ces notions nécessaires auxquelles on refusait tout à l'heure de prêter attention, passeront aisément à l'aide de votre habile expédient.

Il est essentiel de s'assurer que la leçon a été bien comprise. La physionomie très mobile et généralement expressive des enfants, fournit aux maîtres un excellent moyen de contrôle. Au besoin on présente le sujet sous plusieurs formes, on le retourne en tous sens. Enfin on termine chaque leçon par une série de questions intéressantes, posées avec agrément.

Ces questions seront adressées tantôt à la masse des élèves, tantôt à l'élève le plus intelligent; d'autres fois, au contraire, à quelque enfant momentanément inattentif, dont l'embarras sera un avertissement profitable à tout l'auditoire.

Nous croyons fermement que les instituteurs, après les premières difficultés vaincues, et l'habitude prise de ce mode d'enseignement, seront tellement captivés et trouveront de telles facilités dans ce procédé, que retourner aux anciennes méthodes leur deviendrait impossible.

III. Choix des sujets

Toute leçon de choses bien faite est fructueuse, quel qu'en soit le sujet. Il n'en est pas moins vrai que lorsqu'il s'agit d'en faire l'un des procédés méthodiques de l'instruction, il faut de toute nécessité choisir les sujets de manière à pouvoir les relier avec l'ensemble de l'enseignement.

C'est pour rendre ce travail de classement plus facile que nous avons, dans la seconde partie de ce manuel, offert des sujets de leçons de choses en rapport avec chaque branche de l'enseignement, et accompagnés de quelques indications sommaires propres à guider l'instituteur. Il pourra faire un choix différent sans doute, il pourra abandonner quelques-uns des sujets indiqués, et donner la préférence à d'autres; mais en somme il sera rarement conduit à s'en écarter beaucoup, parce que ces sujets embrassent l'universalité de l'enseignement, et correspondent au texte de nos livres. Nous les appellerons, si vous voulez, leçons essentielles. Elles formeront le fond. Puis les maîtres saisiront au passage les idées que leur fournira l'observation personnelle, et feront des leçons *occasionnelles*. Celles-ci auront pour avantage de faire disparaître de l'enseignement les dernières traces d'uniformité et de monotonie, sans porter atteinte à l'unité et à la régularité des classes.

D'ailleurs, ce n'est pas seulement pendant la classe que ces sortes de leçons peuvent être données. Il n'est pas rare qu'un enfant vienne pendant la récréation offrir à l'instituteur l'occasion de dire quelques mots instructifs sur un objet quelconque, ce qui fournit une petite leçon de choses, ébauchée et bientôt interrompue, mais utile encore malgré sa brièveté.

Dans une promenade, les occasions de cette sorte naissent de tous côtés. Voici une feuille d'arbre emportée par le vent ; elle va tomber sur le sol, de ses débris engraisser la terre, et rentrer ainsi dans la végétation : exemple de cette série de transformations qui produit l'alternance de la vie et de la mort dans la nature. (Cette idée, quoique profonde, n'est pas inaccessible à l'enfant, c'est affaire de forme.) Voilà des carrières : la pierre, les maisons. Voici un ruisseau, une petite mare : images d'un fleuve et d'un lac. Une pierre surélevée au-dessus de la surface de l'eau offre l'image d'une île. Cette petite langue de terre est une presqu'île. Voilà le *confluent* de deux ruisseaux. Là, cette échancrure de terre où l'eau s'avance simule un golfe. Cette pointe de terre est un cap en miniature. Cette suite de petites éminences est une chaîne de montagnes, aux dimensions près. Ceci est un marais : l'eau est stagnante, infecte, malsaine ; idée de la pureté de l'air, nécessaire à la vie et à la santé, etc.

Quelle variété infinie d'arbres, de plantes ! Toutes offrent un texte animé pour une conversation, leçon déguisée et non moins utile ! Un édifice se rencontre ; convenance de son architecture avec sa destination ; aperçu historique de l'art de construire, depuis la hutte du sauvage jusqu'au monument que nous avons sous les yeux. C'est l'affaire de cinq minutes qui ne seront perdues pour personne, pas plus pour l'instituteur que pour les élèves.

Enfin levons les yeux, contemplons un instant l'air bleu, la voûte apparente du ciel; voici les nuages ! Qu'ils sont légers ! Quelles nuances délicates ! Ce sont les vapeurs qui s'élèvent de la terre. Brouillard, pluie, orage, tonnerre, foudre.

Le vent balaye la nue : rapidité du vent, tempêtes, trombes, naufrages ! Voilà le soleil éblouissant d'où ruisselle la chaleur, la lumière : nécessité de la chaleur pour la vie; inégale diffusion de cette chaleur suivant les climats. Jour et nuit; longs jours et longues nuits polaires. Glaces du pôle.

Et maintenant voici le coucher du soleil; les nuages sont frangés de teintes délicatement fondues, qui parcourent toute la gamme des couleurs; montrez à l'enfant ces splendeurs, faites-les-lui admirer. Puis, qu'il nomme les couleurs simples et les teintes composées; qu'il s'habitue à ne plus confondre la couleur en soi, avec les substances colorées et colorantes qui, sous le nom de couleurs, servent à peindre et à teindre.

Si vos élèves, que nous supposons plus grands déjà, se rencontrent avec vous devant le magnifique spectacle du ciel de la nuit, si inaperçu ou si vainement contemplé parfois !... ne perdez pas une telle occasion d'éveiller en eux le sentiment de l'infini, d'exciter leur pensée à franchir les bornes de la terre. Que ces jeunes âmes s'ouvrent à cette sensation d'immensité et d'harmonie qui, plus tard, si leur intelligence s'agrandit par l'exercice de ses facultés au lieu de s'étioler dans les vanités d'une vie factice, élèvera si haut leur pensée et leur cœur!

Dans cette rapide énumération, n'avez-vous pas vous-même entrevu mille idées diverses, mille plans variés de leçons touchant à toutes les faces du problème multiple de l'éducation?

N'est-ce pas qu'un tel procédé offre des ressources immenses? Ne le voyez-vous pas se transformer suivant toutes les exigences, se plier à toutes les situations, descendre à la familiarité naïve qui convient au premier âge, et se développer graduellement pour atteindre aux plus hautes notions qui doivent couronner l'œuvre de l'enseignement?

IV. Préparation de la leçon.

Si simple que soit le sujet de la leçon de choses faite à de jeunes enfants, il est bon de la préparer par quelques minutes de réflexion ; un peu plus de temps sera nécessaire aux instituteurs qui n'ont pas encore l'habitude de ce mode d'enseignement. Ils se trouveront plus à l'aise en faisant la leçon s'ils l'ont préparée ; et n'ayant plus à se préoccuper de ce qui en fait le fond, toute leur attention pourra se porter sur leur auditoire pour surveiller ses impressions. En outre, leur élocution sera plus facile, et par conséquent plus correcte et plus claire.

Pour ne pas faillir à son titre, toute leçon de choses doit commencer par l'exposition des objets, des *choses*, où, à leur défaut seulement, par leur représentation.

L'enseignement à donner à des enfants n'étant pas un cours de haute science, les choses qui en seront le sujet ne seront pas difficiles à rencontrer; en presque tous les cas ce seront les plus familiers, les plus ordinairement en usage. Toutefois, pour être sûr de les avoir sous la main au moment de vous en servir, vous ferez bien de vous les procurer à l'avance. C'est encore là un avantage de la préparation des leçons, et un motif de plus pour ne pas la négliger.

Vous réfléchissez un instant à votre sujet, et vous décidez de quels objets vous avez besoin. Exemple : Vous avez à faire une leçon sur le *feu;* votre premier objet de démonstration sera sans doute un combustible; songez à vous procurer un éclat de bois, et s'il se peut un morceau de houille. Vous parlerez du briquet; si vous n'avez pas de briquet, prenez le premier morceau de silex venu, un outil quelconque en acier, et frappez-les l'un contre l'autre pour obtenir quelques étincelles. Pour faire apprécier à l'enfant l'invention toute moderne de l'allumette phosphorée (dont il ne soupçonne pas le mérite parce qu'il l'a vue de tout temps), vous parlerez de la difficulté de faire du feu par les anciens procédés, et vous mettrez en regard la supériorité des procédés nouveaux.

Avec quelques allumettes et une bougie, vous montrerez aux enfants la lumière et la chaleur s'accompagnant l'une l'autre. Vous parlerez de la chaleur du feu, de celle du soleil. S'il brille à ce moment, votre parole aura confirmation. Vous souriez peut-être? Songez que vos enfants, et bien d'autres! se sont mille fois chauffés instinctivement au soleil sans réfléchir que ce soleil est une source de chaleur. Enfin, pour leur inspirer une salutaire prudence à l'égard du feu, vous leur montrerez, s'il est possible, une gravure qui représente un incendie.

Dix minutes suffisent pour préparer cette leçon, et rassembler les objets nécessaires.

Il est cependant un ordre de leçons de choses pour lesquelles les objets de démonstration sont plus difficiles à se procurer. Nous voulons parler de l'histoire naturelle. Pour la zoologie, inutile, dans nombre de cas, de songer à autre chose qu'à des oiseaux, des animaux domestiques et des images; du reste, nous n'avons guère à parler, dans la première année, que d'animaux connus de l'enfant. Néanmoins, un objet provenant du règne animal pourra être présenté à certains moments. Un os, par exemple, vous permettra de parler de la charpente osseuse de l'animal; vous pourrez aussi trouver facilement quelque objet façonné pour montrer l'emploi des os dans l'industrie.

Dans le règne végétal, il ne vous sera pas difficile de réunir quelques objets pour la leçon; une racine, deux ou trois feuilles de formes diverses; une petite branche pour montrer le bois et l'écorce, un fruit, une fleur, etc.

Pour le règne minéral, vos exemples ne seront pas plus difficiles à trouver; quelques objets métalliques, quelques fragments de granit ou de pierres calcaires, un morceau de lave, un éclat de verre; à la rigueur on peut se tirer d'affaire avec cela, pourvu qu'on soit un peu ingénieux.

Cependant il faut avouer qu'une petite collection présentant quelques minerais usuels avec le métal qui en provient, quelques fragments de roches diverses, des schistes, des argiles, de la pierre à plâtre, quelques fossiles, du charbon de terre, de la tourbe, etc., ne serait pas très dispendieuse et rendrait de grands services, surtout pour l'enseignement plus sérieux des années suivantes.

V. Exemple d'une leçon de choses.

Comme en fait d'enseignement les préceptes et les explications ne valent point les exemples, nous joignons ici une leçon de choses pouvant servir de type. Cette leçon, faite devant nous par un instituteur, était adressée à des élèves de six à sept ans, ayant déjà connaissance d'une partie des notions élémentaires contenues dans notre cours de première année.

L'instituteur avait pris pour sujet de sa leçon, la laine et son usage.

Après avoir préparé par quelques mots l'attention de son auditoire enfantin, il présenta une petite cravate de laine rouge. Ayant à choisir entre plusieurs objets, il avait préféré l'un de ceux qui sont à l'usage spécial des enfants, pensant qu'ils s'y intéresseraient davantage ; en outre, un objet de couleur vive et gaie attire mieux leurs regards ; et comme il importe de captiver tout d'abord l'attention, les petits détails ne sont pas à dédaigner.

Un gai murmure accueillit *l'exhibition* de la cravate rouge, et quand l'instituteur demanda en souriant :

« Est-ce que par hasard vous connaîtriez ceci? La réponse ne se fit pas attendre.

R. (*De toutes parts.*) Oui, oui ! c'est une cravate, c'est la cravate de Paul !

D. Je devine pourquoi elle vous plaît tant, cette petite cravate. C'est qu'elle est d'une belle couleur....

R. Rouge.

D. Oui, rouge feu. Le rouge est-il une couleur *simple ?* Rappelez-vous ce que nous disions l'autre jour : il y a trois couleurs simples, qui sont ?... Voyons, mon petit Jules, quelles sont les couleurs simples? Tu ne réponds pas? tu ne sais pas? Ah! c'est vrai, je me souviens; l'autre jour, quand j'expliquais pourquoi les rayons du soleil ont une si belle couleur en passant à travers les vitraux de l'église, tu jouais avec ton voisin. Je vais donc être obligé de m'adresser à un autre. Ce sera toi, n'est-ce pas, Marcel, qui nous diras quelles sont les couleurs simples?

R. Le rouge, le jaune et le bleu.

D. Et la couleur verte, qui est la couleur de l'herbe, elle n'est donc pas une couleur simple?

R. Non, c'est une couleur composée.

D. Composée de quoi?

R. De bleu et de jaune.

Comme le sujet de la leçon n'était pas les couleurs, mais l'*usage* de la laine, il convenait de ne pas insister davantage.

L'instituteur déplia la cravate.

D. Et maintenant, continua-t-il, qui me dira quelle est la forme de cette cravate?

R. Elle est carrée.

D. Si je veux ourler ma cravate tout autour (vous savez bien tous ce que c'est qu'ourler), quel côté sera le plus long à ourler et emploiera le plus de fil?

R. Il n'y a pas de côté plus long que les autres.

D. Pourquoi donc?

R. Parce que les quatre côtés d'un carré sont pareils.

D. Dites : les quatre côtés d'un carré sont égaux, c'est-à-dire de même longueur.

R. Oui.

D. Bien. Je n'ai plus qu'un seul espoir de vous embarrasser : c'est de vous demander de quoi est faite cette cravate?

R. C'est de l'étoffe. (*D'autres.*) C'est de la laine.

D. Vous avez tous raison. Ceci est de l'étoffe; et c'est une étoffe de laine; seulement cette laine est plus fine et plus belle que la laine commune avec laquelle on fait des bas. Voyez les fils dont cette étoffe est composée....

(Et l'instituteur parfilait quelques brins de laine.)

Ce sont tous ces fils, croisés et comme tressés entre eux, qui forment le tissu. Tenez, voyez vous-mêmes, ajouta-t-il en leur remettant la cravate entre les mains. Ah! il faut regarder de bien près, parce que les fils sont extrêmement fins; mais voici un autre tissu où vous les distinguerez plus facilement.

L'instituteur reprenant le tissu de laine, y substitua un morceau de toile extrêmement grosse. Les rires et les murmures d'étonnement accueillirent cette substitution. Lorsqu'ils furent un peu calmés l'instituteur reprit :

« Eh bien! mes enfants, la cravate dont vous admirez la finesse, et presque toutes les étoffes, sont tissées de la même manière que cette grosse toile. Oh! ne la méprisez pas, cette toile grossière; elle est si utile, si précieuse! Vous ne le croyez pas?... Mais quand viendra le temps de la moisson, et qu'il faudra recueillir le blé sur l'aire, est-ce dans une cravate qu'on pourra le serrer? (*Rires.*) Elle serait un peu petite, n'est-ce pas? Et puis elle ne résisterait pas à un tel usage, ni à beaucoup d'autres.

Et l'instituteur profita de cette occasion pour apprendre aux enfants à apprécier les objets non-seulement au point de vue de leur beauté, mais surtout au point de vue de leur utilité. Puis il reprit :

« Pour tisser les étoffes de laine on s'y prend à peu près comme pour faire cette grosse toile; je vous ai expliqué cela l'autre jour. Puis l'étoffe une fois tissée, on en coupe des morceaux que l'on taille et que l'on coud pour en faire des vêtements. Un pantalon est un vêtement; une robe, une blouse, un châle, sont encore des vêtements. Savez-vous à quoi sert un vêtement?

R. Cela sert à nous habiller.

D. Oui, à nous *vêtir*, à nous préserver du froid. L'hiver, quand la pluie ou la neige tombe, que le vent souffle, nous souffririons beaucoup si nous n'avions pas de bons et de chauds vêtements.

R. Et des maisons! et du feu! dirent les enfants.

D. Sans doute; voyez combien il faut de choses pour conserver notre vie! Car *manger* n'est pas tout : il faut encore nous vêtir, nous loger. Que de travail pour faire toutes les choses utiles! sans compter les belles choses que nous aimons tant à voir. Rien de bon, mes enfants, ne s'obtient que par le travail.

Et partant de cette idée, l'instituteur fit comprendre à ses élèves la nécessité, les avantages, et aussi la dignité du travail. Il leur dit que leur devoir et leur bonheur serait un jour de travailler pour leur famille. Que dès maintenant ils devaient être heureux de pouvoir rendre de petits services, et commencer à goûter le légitime orgueil d'être bon à quelque chose. — Ce sentiment fortifie l'enfant comme l'homme, et sans l'exagérer, il est convenable de l'entretenir.

Le lendemain, le maître jugea à propos de revenir sur le sujet qui avait intéressé la veille.

D. Vous voyez, mes enfants, reprit-il, comme le tissu de cette cravate est fin, touchez-le; vous sentez qu'il est léger; il n'est pas lourd et épais comme le drap, il est doux au toucher; il n'est pas lisse comme la soie, ni rude comme la grosse toile.... Comment savez-vous tout cela? Est-ce en regardant l'étoffe? Est-ce avec vos yeux que vous jugez si l'étoffe est lourde ou légère?

R. Non, c'est en la soulevant avec nos mains.

D. Sans doute. Comment appelle-t-on la faculté de reconnaître la forme des objets, leur dureté ou leur mollesse, en les touchant avec les mains?

R. On l'appelle le sens du toucher.

D. Quel est l'organe du toucher?

R. *C'est* les mains, dirent les enfants.

D. Il faut dire : *Ce sont les mains*, comme on dit : les mains *sont* l'organe du toucher.

Il ne faut pas laisser échapper une faute de langage sans la redresser, en donnant aux enfants le mot propre, le tour de phrase correct.

Par ce moyen ils prendront l'habitude de parler purement, de chercher l'expression exacte de leur pensée, au lieu de se contenter d'un à peu près.

D. Maintenant que vous avez bien vu cette étoffe, vous allez certainement savoir me dire où l'on se procure la laine qui sert à la faire?

R. Chez les marchands.

— Sans doute, reprit l'instituteur en souriant, quand on a besoin de laine on va en acheter chez le marchand; mais ce n'est pas lui qui l'a créée, il se l'est procurée quelque part, autrement il n'en aurait pas à vendre.

Si le temps le lui eût permis, l'instituteur eût sans doute placé ici une petite digression, pour expliquer aux enfants que le travail de l'homme ne crée pas, qu'il transforme seulement la matière première pour l'approprier à nos besoins. Il eût insisté sur cette idée que, sans le travail la matière première nous est inutile; et que le travail lui-même est impossible sans la matière première. Les idées *générales* étant *abstraites* sont difficilement accessibles aux enfants, il crut donc à propos de réserver ces réflexions pour un sujet spécial, et continua, en retournant sous une autre face, la question qui avait donné lieu à l'équivoque.

D. Savez-vous d'où provient la laine?

R. Des moutons.

D. Vous avez vu des moutons, sans doute?

R. (*De toutes parts.*) Oui! oui!

D. Alors, vous pouvez me dire comment sont faits les moutons. Supposez que vous demeurez à la campagne; que moi j'habite la ville où je n'ai jamais vu de bêtes des champs. Voyons, comment m'expliquerez-vous la forme d'un mouton?

R. Un mouton est blanc!

D. Alors un mouton ressemble à une feuille de papier qui est blanche, ou à la neige qui est blanche aussi. (*Rires.*)

R. Oh! non, cela ne se ressemble pas! — Puis il y a des moutons qui sont bruns ou noirs.

D. Qu'est-ce donc qu'un mouton?

R. C'est un animal.

D. Très bien. Mais quelle sorte d'animal? Ce n'est pas un oiseau? un poisson? (*Rires.*)

R. C'est un animal à quatre pattes.

D. Et comment appelle-t-on les animaux qui ont quatre pattes?

R. Des quadrupèdes.

D. Quelle sorte de quadrupède est un mouton? Est-ce un carnivore?

R. Non.

D. Qu'est-ce donc qu'un animal carnivore?

R. C'est un animal qui mange d'autres animaux

D. Alors le mouton que mange-t-il?

R. De l'herbe.

D. Ainsi c'est un animal...?

R. Herbivore.

D. Connaisez-vous d'autres animaux herbivores?

R. Oui : la chèvre, la vache, les ânes, les chevaux.

D. Bien. Maintenant nous pouvons nous expliquer d'où vient la laine.

La laine est le vêtement naturel, la *toison* des moutons. Cette toison est faite d'un poil doux long et fin.

Au printemps on coupe cette laine avec de grands ciseaux; cela s'appelle *tondre* les moutons.

Comme la saison est belle alors ils n'ont pas froid; et leur laine repousse comme repoussent les cheveux d'un enfant quand on les a coupés. La laine que l'on a coupée, il faut d'abord la laver, puis la filer.

L'instituteur entra ici dans quelques détails : il présenta un morceau de peau de mouton garnie de sa laine, afin de la faire examiner et toucher aux enfants. Puis un *fuseau :* s'il n'en avait pas eu sous la main, il lui aurait fallu se contenter d'en rappeler le souvenir; mais l'objet lui-même intéressait bien davantage. Puis l'instituteur dit un mot du *rouet* qui a remplacé le filage à la main, et de la *bobine* qui, dans les machines, a remplacé le fuseau.

Il expliqua aux enfants comment on tord le fil en l'enroulant sur le fuseau ou sur la bobine. Puis il dit :

D. Quand le brin de laine est filé, de quelle couleur est-il?

R. Il est blanc.

D. Oui, s'il provient d'un mouton blanc; mais s'il provient d'un mouton brun ou noir?

R. Le brin filé est brun ou noir.

D. Quand on veut que la laine ait une autre couleur, qu'elle soit verte par exemple, que faut-il faire ?

R. Il faut la *peindre* en vert.

L'instituteur profita de cette réponse pour faire comprendre aux enfants l'acception différente de ces deux mots : *peindre* et *teindre*.

— *Peindre*, leur dit-il, c'est étendre la couleur à la surface; *teindre*, c'est plonger le fil ou le tissu dans la couleur, afin qu'il en soit pénétré.

Et prenant quelques écheveaux de laine de diverses couleurs, il les présenta aux enfants.

Pendant que leur attention se délassait en changeant d'objet, l'instituteur faisait remarquer toutes ces belles couleurs, leur disant qu'on peut communiquer la couleur au tissu déjà fait, ou même changer celle d'un tissu déjà coloré.

Il leur expliqua ensuite comment le *teinturier* fait dissoudre la couleur dans l'eau chaude ou froide, suivant les cas, et y plonge le fil ou le tissu, qu'il soit de laine, de lin, de coton ou de soie.

Il annonça alors à ses élèves qu'il allait teindre sous leurs yeux un morceau d'étoffe ; et quand leur curiosité fut excitée, l'instituteur qui n'avait pas sous la main les ingrédients employés en teinture, prit simplement une bouteille d'encre, dont il versa une petite quantité dans une soucoupe.

D. Savez-vous ce que c'est que ce liquide, mes enfants ?

R. C'est de l'encre ?

D. L'encre n'est-elle pas une eau dans laquelle on a mis une substance produisant la couleur noire ?

R. Oui.

D. L'encre est donc une espèce de teinture noire, voyez ! Il plongea dans l'encre un morceau de percale blanche.

D. Mon petit morceau de percale était blanc, le voilà *teint* en noir. Regardez maintenant celui-ci qui est rouge : le voilà devenu noir aussi. Il n'y a plus qu'à les laisser sécher pour achever l'opération de la teinture.

Si l'instituteur avait eu à sa portée une boîte de couleurs, ou simplement une de ces boules d'indigo qu'on emploie pour azurer le linge, il eût pu en un instant teindre divers échantillons, afin de faire remarquer que, pour toutes les couleurs, le procédé est *essentiellement* le même, quoiqu'il varie dans les détails.

Quand ce spectacle *industriel* eut récréé son jeune auditoire, l'instituteur continua :

Ne croyez pas cependant, mes enfants, que l'art de la teinture soit un travail très facile.

Pour obtenir une belle couleur comme celle de la petite cravate ou de ces écheveaux de laine; et pour rendre la couleur solide, *bon teint* comme on dit, il faut qu'un ouvrier soit habile, et sache bien son état.

Vous voyez combien est vrai ce que je vous disais tout à l'heure, que rien ne s'obtient sans travail. Quand il vous arrive de tacher ou de déchirer vos vêtements par négligence ou par maladresse, vous gâtez, vous détruisez, sans y penser, une chose qui a coûté beaucoup de peines, et beaucoup d'argent.

L'instituteur ajouta encore quelques autres considérations pour apprendre aux enfants à respecter les objets qui nous entourent, et ceux qui servent à leur usage, comme représentant le *fruit du travail*, le produit de l'industrie humaine.

L'enfant retient surtout les dernières idées qui ont frappé son esprit, voilà pourquoi il est important de conclure les leçons de choses par une déduction morale. Mais il y a ici un écueil à éviter et des précautions à prendre. Si vous vous bornez à faire à toutes vos leçons une conclusion en forme, semblable à ces moralités qui terminent les fables et qu'on ne lit jamais, les enfants n'y verront qu'une péroraison ennuyeuse, et vous refuseront leur attention, cela est logique : rappelons nos souvenirs personnels.

Non, la morale ne doit pas être enseignée aux enfants sous forme d'axiome ; elle doit sortir comme un fruit naturel du sujet même que nous avons traité, et frapper leur esprit comme une conséquence inévitable.

Vous tous qui voulez donner aux jeunes garçons, aux jeunes filles, une éducation forte et complète, gardez-vous de rendre répugnant ce qui doit être la semence la plus féconde de l'éducation. Il est si difficile d'aimer le devoir qui nous a été dès l'abord présenté sous une forme désagréable ! Gardez-vous surtout de ces moralités banales qu'on peut déduire indistinctement de tous les sujets. Si vraies, si justes qu'elles soient quelquefois, elles deviennent vite pour l'enfant des lieux communs, et n'ont plus aucune influence sur lui. Mais poussez-le insensiblement à extraire lui-même la pensée morale qui ressort de la leçon ; et à la formuler en termes qui lui soient propres. Et si l'enchaînement logique des idées le conduit à formuler cette pensée avant la fin, tenez-vous en là, et ne vous en plaignez pas.

Lorsque vous serez conduits à finir votre leçon autrement que par une conclusion morale, finissez-la autant que possible par quelque chose qui *fasse tableau;* un tableau qui soit de nature à éveiller ou à satisfaire quelqu'une des facultés de l'enfant, son imagination par exemple, et à rester dans sa mémoire. Les enfants rêvent souvent d'une manière très vague; il est bon de leur offrir une donnée qui fixe un peu cette rêverie. Dans ces petites têtes mobiles, si près de la nature par la simplicité des idées, il y a de l'artiste et du poëte ; de même qu'il y a de l'enfant dans le poëte et l'artiste.

Le sens du merveilleux appartient à l'enfance; aussi les contes de fées et histoires semblables nous font-ils éprouver dans le jeune âge un vif plaisir ; mais ils ont l'inconvénient de mettre la raison naissante dans une position fausse, entre la crédulité et le scepticisme. N'y a-t-il pas dans les choses naturelles assez de merveilleux et d'inconnu, pour satisfaire sainement cette passion des enfants qui est, au fond, le précieux besoin d'admirer? L'histoire naturelle, les phénomènes des sciences, les chefs-d'œuvres de l'industrie, l'héroïsme des sentiments vrais, voilà qui vaut cent millions de fois mieux que le *merveilleux* et les contes de fées.

En résumé, et comme programme général de cet enseignement essentiellement pratique, l'instituteur saisira toutes les occasions pour :

1° faire remarquer aux enfants les faits naturels qui se passent sous leurs yeux;

2° leur faire apercevoir les moyens par lesquels ils les perçoivent ;

3° leur faire prendre l'habitude de déduire eux-mêmes la conclusion du fait qu'ils ont observé, et formuler la notion qu'ils ont acquise ;

4° les habituer à exprimer clairement leurs idées ;

5° redresser les erreurs dans lesquelles ils peuvent tomber ;

6° corriger leurs fautes de langage ; leur faire trouver ou au besoin leur fournir le mot propre ;

7° rattacher aux faits qu'ils savent déjà apprécier les déductions morales qu'ils comportent.

Allons au devant d'une objection qui peut-être, à la lecture de ce plan d'enseignement, se présentera à l'esprit des jeunes instituteurs : « Pour professer ainsi toutes choses, et des choses de tout ordre, il faudrait posséder une instruction universelle. »

N'ayez pas plus de modestie qu'il n'en faut. Sans être des maîtres *universels*, vous connaissez, en somme, tout ce qu'il est utile d'enseigner à des enfants qui commencent la vie. Il est évident que si ces enfants en savaient autant que vous, non-seulement sur les notions *classiques*, mais sur toutes les choses diverses que l'expérience de chaque jour vous apprend, ils ne viendraient pas à l'école. Donc, vous êtes d'ores et déjà beaucoup plus riches de science que vous ne pensez ; et vous acquérez chaque jour davantage, car tel est votre devoir.

A mesure que les enfants avanceront dans leurs études, l'enseignement, sans doute, devra prendre une forme un peu plus serrée, et en même temps exigera des connaissances plus approfondies ; mais à ce moment vous aurez vous-mêmes beaucoup acquis. D'ailleurs le livre de l'élève sera là soit pour suppléer aux défaillances de votre mémoire, soit pour vous diriger en quelques branches d'instruction auxquelles nous attachons plus d'importance, et donnons plus d'extension qu'on ne le fait ordinairement. Une seule difficulté pourra arrêter un instant les jeunes maîtres et maîtresses habitués aux anciennes méthodes; ils éprouveront un certain embarras la première fois qu'ils se hasarderont à faire une *leçon de choses.* Ils hésiteront peut-être devant cet exercice de parole improvisée, encore nouveau pour eux. Mais cet embarras ne sera que momentané, et la difficulté des débuts une fois surmontée, les maîtres y trouveront un charme un intérêt, une facilité dont il s'étonneront eux-mêmes.

CHAPITRE II.

DES EXERCICES MANUELS ET DES JEUX.

L'éducation des sens et de leurs organes, avons-nous dit, mérite une attention toute spéciale. D'une part les sens doivent être exercés à percevoir; d'autre part les jeux mouvementés, et les exercices gymnastiques, sont nécessaires au développement du corps. Mais ce n'est pas seulement la vigueur et l'agilité des membres que nous devons cultiver par l'exercice, c'est aussi la bonne tenue du corps, et particulièrement l'adresse de la main.

L'adresse, considérée dans tous les mouvements en général, est ce talent précieux par lequel les organes obéissent avec facilité et précision aux impulsions de la volonté. Il suffit de l'avoir ainsi définie pour faire comprendre son importance extrême. L'adresse est chez quelques enfants un don naturel; mais elle peut s'acquérir par une volonté persévérante. La main surtout a besoin d'être exercée pour arriver au degré de perfection qu'elle peut atteindre. Ce magnifique organe, le plus précieux et le plus actif des serviteurs de la pensée, est d'une complication extrême dans son savant mécanisme. Destinée à des fonctions très diverses, ses mouvements peuvent se multiplier à l'infini. La main est l'outil essentiel du travail : or, le travail étant le résultat direct de la conception de l'esprit, il importe que celui-ci ait à son service un instrument souple, docile, propre à réaliser exactement ses combinaisons.

C'est encore par l'exercice que la main acquiert cette habileté précieuse et indispensable, et qu'elle arrive à une souplesse, à une délicatesse qui nous étonnent. La main du musicien qui parcourt le clavier ou presse l'archet; du dessinateur tenant le crayon, du graveur dirigeant le burin, celle de la femme brodant la mousseline ou tissant la dentelle, sont des prodiges de précision et de légèreté. Sans aller aussi loin, toute profession touchant à l'art par un de ses côtés, tout métier même, exige une éducation spéciale de la main pour le maniement juste et expéditif de l'outil.

Les exercices manuels sont donc d'une nécessité universelle. Sans doute l'enfant y sera appliqué plus tard, mais il n'en est pas moins nécessaire de l'habituer de bonne heure à se servir adroitement de ses mains. S'il acquiert graduellement de l'empire sur ses mouvements, il n'aura pas à lutter contre la *maladresse acquise* au moment de l'apprentissage, et les plus grandes difficultés lui seront considérablement diminuées. Si les conditions de son existence ne lui imposent pas une profession manuelle, et même si ses goûts ne le portent pas vers l'exercice d'un art d'agrément, du moins ne le verra-t-on pas arriver à vingt ans avec une gaucherie déplaisante, nuisible à lui-même, et devenue irrémédiable.

Les exercices manuels doivent être simples, variés, et n'offrir aucun danger. Nous conseillons de donner au dessin une place plus large que celle qu'on lui a accordée jusqu'ici. Il est mille petits ouvrages appropriés au jeune âge, avec lesquels chacun de nous a fait son premier apprentissage; et en outre les premiers linéaments du dessin, le tracé de l'écriture. Viennent ensuite, mais avec de grandes précautions de prudence, les essais de couture, de tricot, et autres travaux du même genre; enfin tout ce qui peut exercer à la précision des mouvements, et en même temps développer le sens de la symétrie, de l'ordre; l'instinct des combinaisons, de l'harmonie des formes[1].

Toutes les personnes qui s'intéressent à l'enfance savent combien la question des jeux, frivole en apparence, mérite d'être prise en considération. L'enfant a des impressions, des besoins qui ne sont plus les nôtres. L'activité de son imagination est excitée par des sujets tout différents de ceux qui excitent la nôtre. Il voit dans les choses tout autre chose que ce que nous voyons; aussi essaye-t-il de tout modifier suivant ses idées qui nous surprennent, nous scandalisent parfois. Si un objet ne se prête pas à sa fantaisie, il le brise pour en changer la destination ou la forme. On dit

---

1. Voir la seconde partie de ce *Manuel*, et *Lectures et travail*, par Mme Pape-Carpantier. — Hachette.

alors que l'enfant a des instincts de destruction; c'est une erreur. L'enfant détruit un objet pour en produire un autre, car son instinct le porte à créer et à construire.

« L'homme, a-t-on dit, est naturellement façonnier. » Cette naturelle disposition qui pousse l'homme à modifier la façon de tout ce qui l'entoure, même quand ses besoins ne l'exigent pas, et par simple curiosité, l'enfant l'éprouve aussi, et c'est pour cela qu'inhabile à transformer, il rompt, c'est toujours un effet produit. Aussi qu'advient-il de tous ces jouets brillants qu'on lui donne, même de ceux qui provoquent d'abord son admiration naïve? S'ils ne se prêtent à aucun autre usage que de les regarder et de s'en servir tels qu'ils sont, ils ne lui plaisent pas longtemps, et la preuve, c'est qu'à peine il les a entre ses mains.... qu'il s'ingénie à les *travailler* [1].

Si, au contraire, l'enfant peut construire lui-même ses jouets, son instinct y trouve satisfaction, et ses aptitudes s'y développent. Il est tour à tour imitateur et créateur fantaisiste au suprême degré. Le germe des aptitudes artistiques ou industrielles est en chacun de ces enfants plus ou moins susceptible d'être développé; c'est pourquoi il importe de lui offrir des occasions de développement. L'individu y gagnera et le travail social aussi.

---

[1]. Une enfant tenant une petite maisonnette en arrachait les portes. « Allons, dit la mère, tu vas encore détruire ce jouet. — Non, répondit l'enfant, je veux le *truire*, au contraire. » Et, en effet, elle n'arrachait les portes qu'afin de pouvoir les remettre en place.

D'autre part, l'enfant en construisant lui-même ses jouets apprend à se suffire, à se passer de l'assistance continuelle d'autrui, à imaginer pour lui-même ; à tirer parti de ses propres ressources : tout cela a pour l'avenir d'excellentes conséquences.

Enfin, et cette dernière observation s'adresse aux parents riches, nous aimerions à voir la vie de l'enfant faite plus simple, plus naturelle ; nous voudrions qu'on en retranchât tout ce qui est artificiel, gênant, inutile. Une grande sobriété de goûts, une certaine frugalité de régime convient à l'enfance, et vaut mieux pour son bonheur que vêtements, repas et plaisirs somptueux. Ceci n'est malheureusement pas assez compris. Les parents sont mal inspirés dans les satisfactions qu'ils imaginent pour leurs enfants. Que dirons-nous donc de ces jouets affreusement laids, de ces grotesques avec lesquels on fausse le goût naturel, on altère la candeur de l'imagination! A quoi bon des prodigalités, des hochets dispendieux qui n'ont d'autre résultat que de blaser l'enfant, et de le faire rire de ce qui n'est nullement risible. Que n'aurions-nous pas à dire sur l'ensemble de ce système d'éducation?... Mais nous préférons terminer en signalant aux personnes sensées ce triste sujet de réflexions.

CHAPITRE III.

DES RÉCOMPENSES ET DES PUNITIONS.

Une chose aussi importante et aussi délicate à la fois que celle qui fait le sujet de ce chapitre demanderait à être traitée avec développement, car elle est presque tout entière dans les nuances. Mais une telle extension dépasserait les limites que notre cadre nous impose; nous nous contenterons de livrer à nos lecteurs quelques observations, laissant à leur tact, et surtout à leur cœur, le choix si varié des applications.

En général on abuse des récompenses et des punitions. Indépendamment des difficultés et des inconvénients de détail qui en résultent à chaque instant, ce système, ainsi que nous l'avons dit plus haut, a une regrettable conséquence : il place le but de l'action en dehors de l'action elle-même, chose très fâcheuse au point de vue moral. La surexcitation, obtenue par l'attrait des récompenses, a quelque chose de factice qui altère le plus beau des caractères de la vertu : le désintéressement. La répression des fautes par la crainte du châtiment, porte également atteinte à la franchise et à la noblesse du caractère. Notre reproche, on le comprendra, n'atteint pas l'emploi judicieux et discret des récompenses et des punitions, il ne vise que l'abus dont elles sont trop souvent l'occasion. Ce sont, il est vrai, de puissants moyens d'action, mais on ne doit y recourir qu'avec prudence, comme on recourt à ces substances étrangères à l'économie du corps humain, qui sont, suivant l'emploi qu'on en fait, un poison ou un remède.

Les moyens artificiels d'encouragement et de répression, l'intervention continuelle de la crainte ou de l'espérance, étaient autrefois les corollaires d'un système d'éducation basé sur la contrainte, et en hostilité flagrante avec toutes les tendances instinctives de l'enfant, méconnues et calomniées. Les anciennes méthodes, et les procédés dont elles faisaient usage, exigeant sans cesse les choses les plus contraires à la nature, provoquaient immanquablement une révolte ouverte ou sourde, dont il fallait à toute force comprimer l'explosion. D'autre part, l'étude se faisant dans des conditions antipathiques à l'enfant, il fallait bien chercher en dehors de l'étude un attrait qui l'y invitât. De là ce double mécanisme organisé : d'un côté la ressource du châtiment exploitée quelquefois jusqu'à la cruauté; de l'autre le désir des récompenses surexcité à l'excès; enfin, appel fait à un dernier ressort, puissant mais perfide, et duquel on ne saurait trop se méfier : l'émulation.

Avec l'esprit plus humain de l'enseignement actuel, avec le soin que nous prenons de conformer nos procédés aux besoins de l'enfant, de captiver son attention plutôt que de la contraindre, de pareils stimulants deviennent, dieu merci! des drogues inutiles. L'enfant certes, s'écartera encore de la règle, mais il ne sera plus constitué en état de révolte perpétuelle. L'instituteur désarmé de la sévérité que les méthodes compressives le forçaient de déployer, conquierra la plus haute des influences : celle que donne le respect joint à l'affection. Les récompenses et les punitions ne seront plus qu'un moyen secondaire, accidentel, réservé seulement pour des cas imprévus.

Parlons d'abord des récompenses.

Il est des actions qui ne doivent jamais être l'objet d'une récompense : des actions si délicates, si pures, qu'un intérêt les flétrirait. Le cœur seul peut payer ce qui a été inspiré par le cœur. Un sourire affectueux, une douce parole, une caresse, voilà le seul prix dont ces actions puissent être récompensées. Quant aux actes de justice, à l'accomplissement des devoirs, un témoignage d'estime, hautement exprimé, est une digne rémunération, et produit le meilleur effet sur l'esprit des élèves.

Au travail, à l'étude, au progrès, surtout à l'effort consciencieux, d'autres récompenses peuvent être accordées. Le travail admet parfaitement une juste rémunération. En l'accordant à l'élève, considérez cette rémunération non comme une faveur octroyée par vous, mais comme une chose méritée, nous pourrions dire comme un *salaire,* car ce mot est synonyme de justice. Dès lors l'élève peut ambitionner la *récompense du travail* comme une juste rétribution ; son caractère y gagnera en franchise, et n'y perdra rien en dignité.

Quant aux distinctions qui, en retour de l'excitation qu'elles donnent, ont l'inconvénient d'établir des comparaisons et des antagonismes, il faut qu'elles soient accordées à des conditions fixées d'avance, afin de ne laisser aucune prise aux soupçons de partialité, ou à la jalousie. La distribution des prix, le classement des compositions ont une certaine utilité, pourvu qu'on ne se trompe pas sur le mérite réel, et qu'on ne s'écarte pas d'une stricte justice. Mais il faut établir le classement suivant le mérite, en admettant plusieurs premiers, plusieurs seconds s'il y a des élèves de même force; et non subordonner sans motif chaque élève à tous les autres, comme s'il s'agissait d'accorder une place qui ne pût être occupée que par un seul. Ainsi diminuent, s'ils ne peuvent être complétement écartés, les dangers redoutables de l'*émulation*.

La répression admet deux degrés : la réprimande, la punition. Le second moyen ne doit être employé que lorsque le premier est notoirement impuissant. Dans presque tous les cas la réprimande vaut mieux : elle s'adresse à la conscience, à la raison, au sentiment. La réprimande a principalement pour objet de provoquer le repentir. Plus ou moins sévère suivant la gravité de la faute, elle doit toujours être faite avec calme et mesure.

Du reste, le maître doit, en toute circonstance, garder certains égards même envers les coupables, s'il veut conserver cette autorité qui ajoute tant de poids à la réprimande. Un seul indice d'émotion ou de colère est un avantage dont le coupable ne manque pas de profiter. Il se sent le pouvoir de vous agiter, et s'élève en mettant le pied sur vous.

Quant à la punition, nous invitons les maîtres à se rendre bien compte du sens moral de ce mot. La punition ne doit pas être une sorte de vengeance, un talion infligé à l'enfant : elle est simplement la répression du mal qu'il a commis. Votre but doit être de faire tomber sur le coupable les conséquences de sa faute, afin que les désagréments qui lui en reviennent le préservent d'y retomber. La punition qui n'a pour but que de faire souffrir sans améliorer, est un abus de pouvoir.

Faites remarquer aux enfants que le châtiment ressort naturellement du mal commis. Faites-leur voir que presque toujours les suites d'une faute pèsent en définitive sur les coupables, par une logique morale dans laquelle notre volonté n'est souvent pour rien. Faites-leur comprendre que les hommes ne sont que les instruments de la justice suprême, à laquelle personne ne peut échapper. La conscience des enfants leur dira avec vous que la faute entraîne le désordre, que le désordre produit souffrance et dommage ; et que la conséquence naturelle est que cette souffrance et ce dommage retombent sur ceux qui ont causé le désordre.

Ainsi, point de punitions banales appliquées à la répression des fautes les plus diverses; point de *banc de punition*, ou autre organisation pénitentiaire analogue. Les mêmes considérations portent contre le système déplorable des *pensums*, avec cette circonstance aggravante qu'ils gaspillent un temps précieux, et inspirent le dégoût du travail en l'infligeant à titre de châtiment.

Quant à la publicité à donner aux punitions, son opportunité dépend des circonstances : exciter le sentiment de la honte, faire rougir le coupable devant ses condisciples, peut être bon en certaines occasions ; cela est même nécessaire quand la faute a été publique. Mais dans le cas où elle est demeurée secrète, mieux vaut s'adresser au sentiment intime de la conscience, et donner au coupable une idée de la gravité de sa faute en lui montrant le soin que vous prenez de la cacher.

Enfin nous ferons remarquer qu'il ne faut jamais englober plusieurs enfants dans une même punition. La punition ainsi partagée est sans effet, parce que les enfants se trouvent soutenus les uns par les autres. Il faut au contraire, dans le cas où plusieurs enfants ont pris part à la même faute, les isoler les uns des autres, en leur imposant une punition tout à fait personnelle.

Nous n'avons plus qu'un mot à dire au sujet des punitions générales. Quelques raisons qu'on allègue pour les justifier, nous les trouvons déplorables au point de vue de la justice, car les enfants ne sauraient être tous coupables également. Au point de vue pédagogique elles ne sont pas moins défectueuses : si l'on veut que les enfants soient justes un jour, il faut d'abord leur donner l'exemple. Le maître qui confond dans une même punition innocents et coupables, révolte profondément chez les meilleurs le sentiment de l'équité. Il met la conscience de tous contre lui, et son arrêt passe pour une vengeance. Les rôles s'intervertissent alors; ce ne sont plus les élèves, c'est le maître qui est jugé et condamné ; oui, condamné, car ces consciences d'enfants sont inexorables, et n'admettent pas la raison d'État. C'en est fait dès lors : l'autorité morale, l'influence du maître sont compromises; le mal est profond, irrémédiable. Il vaudrait mieux cent fois laisser une faute impunie, que de la punir à un prix si regrettable.

Les récompenses générales n'ont pas les mêmes inconvénients, cela est facile à comprendre. Une grâce accordée à toute une classe en récompense de son mérite collectif est d'un excellent effet, d'autant plus qu'on peut toujours, s'il le faut, excepter de la faveur quelques élèves qui ne s'en seraient point montrés dignes. Cette privation est une punition négative, qui produit souvent plus d'impression qu'une punition directe.

CHAPITRE IV.

DE L'INFLUENCE MUTUELLE.

Les petites familles.

L'éducation morale des élèves qui lui sont confiés devant être la préoccupation constante de l'instituteur, nous lui dirons : ce n'est pas assez de corriger leurs défauts par de sages réprimandes, ou au besoin par une répression discrète ou sévère; d'encourager et de récompenser leurs efforts par une louange ou par une caresse; c'est beaucoup, et cependant ce n'est pas tout encore. L'éducation morale se compose de deux parties : éclairer la conscience de l'enfant en lui faisant comprendre le beau, le bien, le devoir; lui inspirer le goût et l'amour de ce que sa conscience a reconnu pour tel.

La première partie est un enseignement; la seconde est une œuvre de persuasion et d'influence.

Tout ce qui peut donner à l'enfant une haute idée du devoir, lui faire comprendre que dans son accomplissement résident la dignité et le bonheur, doit être mis en œuvre pour aider au développement de ses heureuses dispositions, et étouffer dans leur germe les éléments contraires.

Que l'enfant conçoive le respect de soi-même, et la vanité lui restera inconnue. Qu'il apprenne de bonne heure à reconnaître le lien de solidarité établi par Dieu entre les hommes, et son cœur ne se rétrécira pas dans l'égoïsme stérile. Surtout qu'il soit mis à même de goûter le bonheur qu'on trouve à faire le bien, la légitime satisfaction des devoirs accomplis, le prix du sacrifice, les joies profondes du dévouement; et il n'y aura plus à craindre qu'il devienne froidement personnel. Il saura, quand le temps en sera venu, s'oublier lui-même et répandre sa vie sur les autres. Habitué dès la plus tendre enfance à la pratique des sentiments affectueux, il ne pourra plus comprendre une existence qui en serait dépourvue.

L'âme s'agrandit par l'exercice de la responsabilité morale. Avoir non-seulement compris cette responsabilité, mais l'avoir acceptée du fond de son cœur, produit une révolution dans la vie. L'homme ne compte réellement qu'à partir de cette acceptation. Si vous en voulez une preuve, considérez dans quels écarts tombent à chaque pas ceux qui méconnaissent cette austère et bienfaisante idée du devoir, et en particulier des devoirs de la famille, clé de voûte de tous les autres.

Mais qu'une affection honnête et profonde, le lien conjugal, la paternité, viennent donner un but à la vie du jeune homme jusque là irréfléchi, et on le verra bientôt rappelé à lui-même, et relevé de ses défaillances. Qui l'a transformé? le sentiment du devoir.

Voyez cette jeune fille de seize ans, jusque-là frivole, personnelle, renfermée dans le cercle étroit de son individualité. Un malheur terrible vient l'atteindre : sa mère est morte, à elle incombe désormais le devoir sacré de la remplacer dans la maison ; à elle le pesant souci de la chose domestique ; le soin maternel des plus jeunes enfants. Alors, sous la salutaire influence de sa tâche austère, une transformation soudaine s'opère en elle ; la jeune fille est mûrie en un jour ; la personnalité s'oublie, et cette âme qui vient d'éclore va trouver une expansion de tendresse, un dévouement qui lui communiqueront des forces imprévues, étonnement de ceux qui en seront les témoins.

Rapprochons-nous de l'enfance ; là encore nous trouverons une confirmation non moins évidente de l'influence qu'exerce le sentiment du devoir.

Tous les enfants sont plus ou moins personnels ; et il n'y a point lieu de le leur reprocher : c'est une conséquence de leur faiblesse. La nature elle-même, soucieuse avant tout de leur développement, leur a fait une loi d'être à eux-mêmes le premier but de leur vie. L'enfant s'attache « à la source de son bien. » Il aime par reconnaissance, nous allions dire par intérêt, sans en avoir conscience, et ne soupçonne ni l'affection désintéressée, ni les devoirs réciproques.

Son rôle, c'est d'être aimé : il en use et il en abuse sans même s'en douter. La faculté du dévouement sommeille chez lui ; mais si quelque circonstance l'éveille, alors cet enfant devient tout autre.

Voyez, parmi les enfants du peuple, ces pauvres petites filles qui, à peine parvenues à l'âge où elles-mêmes peuvent se passer des soins de leur mère, prodiguent ces mêmes soins, avec une sollicitude parfois plus tendre qu'habile, aux jeunes enfants dont la garde leur est confiée. Pour elles plus de jeux bruyants, plus d'insouciant vagabondage; le besoin de mouvement est refoulé, la fréquentation des petites amies est sacrifiée, nous ne dirons plus sans regret, mais la petite fille ne cédera pas à cette attraction. Elle se sent chargée d'un devoir; une vie précieuse, un petit être fragile lui est confié; une responsabilité lourde pour son âge lui est imposée; peu à peu ce devoir devient une chère habitude et fait partie de son existence. La sœur aînée s'attache par un lien de tendresse maternelle au petit frère qu'elle porte entre ses bras. Elle en devient meilleure; elle apprend à aimer, et prélude, sans y songer, aux dévouements qui plus tard sans doute rempliront son existence.

Les petites filles sont généralement très accessibles à ce sentiment de maternité adoptive. Rien n'est plus propre à les prédisposer aux fonctions qui leur seront un jour dévolues par la nature; surtout si au lieu de les abandonner aux prises avec les ennuis du détail, on leur fait pressentir la grâce et la dignité de leur fonction protectrice.

Voici dans une classe une petite fille impatiente de toute étude; confiez-lui un enfant plus jeune, faites-lui comprendre l'importance de sa charge, et tout un nouvel ordre de sentiments et d'idées va naître en elle. Elle comprend ce devoir, elle l'accepte, elle se trouve ennoblie à ses propres yeux, et fait des efforts pour s'élever à la hauteur de sa situation.

C'est d'après ces considérations que certains instituteurs ont créé dans leurs écoles les *petites familles*.

Dans cette organisation les enfants sont disposés par groupes de cinq ou six. Chaque groupe est mis sous la direction d'un enfant choisi parmi les plus sages, les plus intelligents, les plus aptes à ce rôle de protection et de sollicitude.

Celui-ci reçoit le titre d'*aîné de la famille*; quelques petites prérogatives lui sont accordées, mais elles sont reliées *à ses devoirs* de telle sorte que les enfants comprennent la corrélation du *droit* et du *devoir*; et sentent que l'honneur réside dans l'accomplissement de la fonction.

Dans certaines classes, le maître a cru devoir désigner lui-même les aînés de famille, mais l'inconvénient de cette manière de procéder est d'exciter la jalousie entre les concurrents. Presque partout ce sont les enfants eux-mêmes qui choisissent leurs *aînés*, et par une sorte de perspicacité naturelle ils élisent toujours les plus méritants et les plus dignes. Dans ce cas toute rivalité est évitée, et les enfants ne sont plus portés à se montrer envieux de celui qu'eux-mêmes ont choisi.

Une telle élection doit être faite avec tout l'ordre possible, afin que les enfants comprennent qu'ils ont un jugement sérieux à prononcer.

Tous les membres d'une même petite famille sont

rendus solidaires, à certains égards, par des notes collectives attribuées au groupe lui-même, indépendamment des notes individuelles données à chacun des élèves qui le composent.

L'émulation collective qui en résulte, celle qui conduit l'enfant à désirer non plus seulement son avancement individuel, mais l'avancement de tous les membres du groupe ou de l'association dont il fait partie, et à y contribuer par ses efforts personnels, n'offre pas les dangers de l'émulation individuelle, parce que là les personnalités s'effacent, et que l'intérêt de tous entre seul en cause.

Il ne serait cependant pas impossible qu'une telle émulation n'amenât, en certaines circonstances, une sorte d'antagonisme entre deux groupes; mais l'instituteur possède un remède héroïque contre ce mal : le remaniement des petites familles qui, en faisant passer les enfants d'un groupe à l'autre, coupe court à toute rivalité naissante.

La fonction des *aînés* de famille est toute de protection, de sollicitude. Sans doute les enfants confiés à la surveillance des instituteurs n'ont pas absolument besoin des soins d'un autre enfant; mais combien est gracieux cet échange de bienveillance, de naïfs encouragements, de petits services donnés et reçus! Dans le sens moral l'enfant a besoin de tout cela; et il lui est peut-être encore plus avantageux de le donner que de le recevoir.

Il faut faire en sorte que *l'aîné de famille* se fasse une haute idée de sa tâche, et qu'il en soit fier. Ce rôle est en effet le plus honorable qui puisse lui être confié à son âge. Qu'il se sente solidaire en quelque sorte des fautes de *ses jeunes frères ou sœurs;* c'est la sanction de son devoir. Qu'il apprenne à traiter les enfants avec la douceur et l'indulgence dont vous-même devez donner l'exemple; et qu'une affectueuse approbation de votre part soit sa récompense quand il aura bien rempli sa journée.

Quant aux autres membres de la petite famille, ils s'habitueront à la déférence, à la soumission volontaire, car ce n'est pas une *autorité* que nous déléguons aux aînés, c'est une simple *fonction*. Nous n'en faisons pas les aides de l'instituteur; mais les protecteurs désintéressés de leurs petits compagnons.

Tout cela se passera dans le silence des cœurs, sans peut-être que les enfants s'en rendent compte à eux-mêmes; mais leur caractère aura été doucement influencé, et conduit sur une pente qui mène à la bonté et à la justice. Si vous savez bien diriger cette organisation des petites familles, votre esprit sera partout; et l'éducation morale des enfants, ainsi protégés de toutes parts, sera bien autre que celle de l'enfant isolé dans sa classe, milieu mobile d'une petite foule indifférente!

CHAPITRE V.

DE LA DIVISION DU TEMPS.

En parlant de la division du temps, nous n'avons pas l'intention de tracer à l'instituteur un cadre de l'emploi de la journée. Nous n'oserions intervenir d'une manière aussi directe. D'ailleurs, les maîtres ont, à cet égard une latitude très restreinte. Les nouveaux programmes officiels prenant en considération plusieurs des motifs sur lesquels nous baserions notre division du temps, donnent satisfaction aux besoins les plus impérieux. Quant aux instituteurs qui jouissent d'une certaine liberté, nous les invitons à suivre la même voie, tout en profitant de leur situation plus indépendante pour s'avancer au delà des mesures que nous regardons comme transitoires.

Au reste, il s'agit ici non d'un système, mais de l'intérêt des enfants, nous prions donc tous les instituteurs de méditer sérieusement les principes exposés plus haut, pour en tirer l'application qui leur semblera la meilleure. Nous ajoutons ici quelques détails de mise en œuvre, sanctionnés par l'expérience.

L'enfant, pendant le temps qu'il passe à l'école, ne doit pas être surchargé de travail, mais il doit être occupé. En suivant la méthode naturelle, nous facilitons notablement le travail des enfants, et nous augmentons leur *produit* intellectuel, mais enfin les enfants doivent être occupés.

On aurait tort de prendre l'inaction pour le repos de l'intelligence. Croyez-vous, d'ailleurs, que l'intelligence demeure jamais oisive? Non. Songez à ce chaos de notions de tout genre que l'enfant livré à lui-même apprend dans l'intervalle de sa cinquième à sa sixième année, et parmi lesquelles les choses les plus vaines tiennent une place immense! L'enfant n'éprouve aucune répugnance à remplacer ce mode d'acquisitions confuses par des notions intéressantes et instructives, enseignées par des procédés faciles, et aussi attrayants que l'expérience spontanée.

L'enseignement oral laissant beaucoup d'initiative à l'instituteur, il est impossible de préciser, d'une manière rigoureuse, la somme de notions à enseigner chaque semaine ou chaque jour. Mais, comme il importe de ne laisser pénétrer dans la marche de l'enseignement ni hésitation, ni désordre, il est indispensable de *jalonner* la route qui doit être parcourue dans l'année, et de se tracer un plan à suivre. Qu'au commencement de chaque semaine les maîtres règlent les leçons qu'ils se proposent de donner dans le courant de cette période. Et si quelque circonstance les décide à s'en écarter, qu'ils ne s'en fassent pas trop de scrupule : on doit compter avec l'imprévu. Mais à la fin de la semaine, en comparant ce qui a été fait avec ce qu'on avait décidé de faire, on replacera les choses omises dans le courant de la semaine suivante, sans toutefois se laisser déborder sur une troisième semaine.

Les plans d'études tracés rigoureusement jour par jour, heure par heure, ont deux inconvénients : le premier, c'est qu'ils sont faits en vue d'un niveau intellectuel donné, et ne peuvent s'adapter ni à tous les enfants, ni à toutes les écoles; le second, c'est que, manquant de flexibilité, la plus légère perte de temps, un jour de congé par exemple, suffit pour mettre tout en retard. D'ailleurs, avec les petits enfants, dont les progrès subissent tant d'intermittence, cette rigueur est moralement impossible.

Disons un mot de l'organisation de la journée dans une classe.

L'*entrée en classe* doit être une préparation au travail. Autant qu'il est possible, les enfants doivent entrer sur deux rangs, en chantant, et marchant au pas. Non-seulement le chant prévient le tumulte, mais sous l'influence du mouvement rhythmé, les enfants, émus par les jeux, se calment peu à peu; la circulation de leur sang, excitée par les mouvements de la récréation, s'apaise, leurs esprits se recueillent.

Cette manière d'entrer en classe a quelque chose de solennel que les enfants sentent fort bien, quoiqu'ils ne s'en rendent pas toujours compte. L'instituteur habile en profite; il sait que rien n'est indifférent avec les petits.

Le moment qui suit l'entrée en classe est celui pendant lequel il est le plus essentiel d'obtenir le silence; si l'on a préludé au travail par un chant, ainsi que nous venons de le dire, le silence après le chant se fait de lui-même sans difficulté; cependant il est bon de commencer la classe par une leçon propre à captiver l'attention des enfants : l'ordre est ensuite plus facile à maintenir.

En somme, chaque exercice ne doit pas durer pour de jeunes enfants plus d'un quart d'heure. Si vous allez au delà vous les fatiguez, ils deviennent distraits; ne dépassez donc pas cette limite, surtout s'il s'agit d'une étude qui captive l'attention. Par contre, la leçon de choses qui est un exercice très varié, les récits suivis de commentaires, le dialogue qui plaît si fort aux enfants, pourra se prolonger davantage; cependant, nous croyons que vingt à vingt-cinq minutes sont la limite extrême.

S'il faut varier le sujet et la forme des exercices, il est aussi fort important de ménager une transition pour passer de l'un à l'autre. Les enfants sont tellement mobiles, les associations d'idées leur sont tellement familières, qu'ils ne se montreront pas très-exigeants sur les transitions, pourvu qu'il y en ait une. Mais sauter brusquement d'un sujet à l'autre sans préparation, ce serait déconcerter les esprits, et mettre un certain désordre dans les idées, au moins pour quelques instants.

Il est indispensable aussi d'accorder au besoin de mouvement quelques minutes entre chaque exercice.

Une autre fois, placez un intermède de chant entre deux études sérieuses : le chant (surtout quand on l'exécute debout) est un excellent exercice pour le développement de la poitrine, pourvu qu'il n'entraîne aucun effort de voix.

Enfin, pour diversifier davantage, faites intervenir quelques exercices du genre de ceux que nous avons appelés *récréatifs :* tels sont les tracés de diverses lignes, les petites opérations de mesurage, les ébauches de dessin, les constructions avec les solides, etc., etc.

Quelque variés et animés que soient les exercices scolaires, il ne faut pas faire durer la classe plus de deux heures le matin, et autant le soir. Encore est-il extrêmement utile de faire sortir les enfants vers le milieu de la séance, pour leur permettre de respirer au grand air.

Malgré ces ménagements, les élèves éprouvent vers le soir une certaine fatigue; leur esprit est moins prompt l'après-midi que le matin, leurs instincts prennent plus d'empire; aussi faut-il consacrer le matin aux exercices qui exigent une plus grande application.

En ce qui touche l'ordre et le silence, on peut également se montrer un peu plus exigeant le matin que l'après-midi. Ces différences tiennent à des nécessités physiologiques contre lesquelles nous essayerions en vain, et à tort, de réagir.

Nous ferons une dernière observation : les enfants subissent comme nous, plus que nous peut-être, les influences extérieures, atmosphériques ou autres, qui agissent sur leur système nerveux et, par son intermédiaire, sur les facultés de l'intelligence.

Un temps lourd, chaud, où l'on respire à peine, détend les nerfs outre mesure, et jette les enfants dans l'indifférence et le sommeil. L'orage, au contraire, agite leurs sens : ils sont alors dissipés, vaguement inquiets. Un jour pur est plus favorable aux exercices de l'esprit comme aux fontions du corps. Il faut tenir compte de ces dispositions extérieures, et ne pas exiger de l'enfant qu'il fasse effort sur lui-même au moment où son organisation subit une influence qui rendrait cet effort pénible et sans fruit.

Rappelons ici les difficultés que rencontre le groupement des élèves dans les classes trop nombreuses : difficulté de maintenir l'ordre, fatigue excessive pour le maître ; tous ceux qui enseignent en ont fait l'expérience. Si par suite d'un personnel insuffisant ou d'une organisation défectueuse des enfants d'âge ou de niveau intellectuel trop différents sont réunis dans la même classe, les conséquences sont plus graves encore : efforts disproportionnés pour les petits, ennui et retard pour les grands.

Il reste alors une ressource : partager les enfants en deux sections, au moins pour le genre d'enseignement où les inconvénients dont nous parlons se font le plus sentir. Les uns prendront leur récréation pendant que les autres seront en classe. Puisqu'une récréation entre les exercices est désirable il n'y aura pas de temps perdu; d'ailleurs un exercice réduit de quelques minutes serait encore plus fructueux que si on le prolongeait dans de mauvaises conditions.

Qu'on ne s'étonne pas de nous voir insister sur ces détails. Il faut beaucoup étudier les enfants quand on veut les traiter avec justice, discernement, prudence, et atteindre le but que chacun de nos lecteurs se propose, nous n'en pouvons douter.

CHAPITRE VI.

DE LA PROGRESSION DANS L'ENSEIGNEMENT.

I. Du mode de progression.

Procéder, en tout enseignement, du plus facile au plus difficile, du plus simple au plus compliqué, est, en pédagogie, une règle si peu contestée, qu'il semble inutile de l'exposer, tant c'est chose entendue. Pourtant, quand il s'agit de la mise en pratique, on s'aperçoit qu'une marche régulièrement progressive est difficile à se tracer; l'expérience nous montre que c'est là le point faible de la plupart des programmes d'instruction. Une bonne gradation est une chose de la plus haute importance dans la pratique de l'enseignement, et cette question vaut la peine que nous nous y arrêtions. Ce ne sera pas un des moindres services que nous aurons eu le bonheur de rendre aux maîtres et maîtresses. Après avoir, dans une première année, préparé le terrain et déposé les germes, il reste maintenant à les développer. Nous n'avons pas ici, comme on le verra, à établir des principes nouveaux, mais seulement à déduire des conséquences logiques de ceux que nous avons exposés.

Quand nous disons que l'enseignement doit procéder du simple au composé, nous n'entendons pas seulement que les notions faciles doivent précéder les plus difficiles, et que cette gradation doit suivre pas à pas les progrès de l'âge et de l'intelligence : ceci va de soi. Il faut entendre en outre que chaque notion nouvelle doit avoir pour point de départ une ou plusieurs notions précédemment enseignées, sur lesquelles elle se greffera pour se développer comme une conséquence naturelle.

Il est impossible qu'il en soit autrement, puisque toute explication d'un fait s'établit forcément sur les rapports de ce fait avec des notions préalablement acquises; sans quoi ce ne serait plus une explication, mais la définition de l'inconnu par l'inconnu.

Non-seulement un rapport doit être établi entre les notions qu'on enseigne et les notions déjà connues, mais il doit l'être de la manière la plus directe et la plus simple. Il faut en outre, pour établir avec fruit une comparaison, que l'enseignement suive généralement la voie logique de *déduction*, c'est-à-dire qu'il parte des prémisses pour arriver à la conséquence.

En d'autres termes, il ne suffit pas qu'entre les notions acquises par l'enfant et celles que nous voulons lui enseigner, un certain enchaînement existe et nous guide. Il faut que l'enfant *voie* cet enchaînement, qu'il explore la route avec nous, comme si nous avions à la chercher nous-mêmes, comme si nous allions avec lui à la découverte.

On sent bien que ceci ne doit pas être pris à la lettre ; nous connaissons parfaitement à l'avance et la route et le point d'arrivée ; nous pourrions y transporter l'enfant comme sur nos bras. Mais il faut bien nous en garder : il faut qu'il fasse le chemin lui-même, qu'il passe par toutes les stations intermédiaires ; et ce chemin, nous, ses guides, il faut nous résigner à le refaire avec lui. L'enfant se souvient toujours mieux de ce qu'il croit avoir découvert lui-même.

Pour rendre ceci plus pratique, prenons un exemple. Choisissons l'explication à donner d'un fait naturel : soit la *rosée*.

L'enfant sait (autant que le comporte son âge) ce que c'est qu'un liquide, ce que c'est que la vapeur ; il a une idée de la transformation d'une substance liquide en vapeur sous l'influence de la chaleur, et réciproquement. Dans une autre circonstance, nous lui avons appris qu'il y a dans l'air des vapeurs aqueuses, et que ces vapeurs proviennent de l'évaporation des eaux.

Il sait que le froid n'est qu'une diminution de la chaleur, et d'autre part, que la chaleur diurne nous vient du soleil ; il a déjà été conduit à en conclure que la température nocturne est plus froide. Toutes ces notions lui ont été graduellement enseignées soit par l'observation directe, soit comme conséquences d'autres faits ; l'enfant a pu se familiariser avec elles, se les assimiler. Ainsi les bases sont posées d'avance et l'explication du phénomène de la condensation de la rosée sur les objets refroidis en l'absence du soleil n'est plus qu'une série de déductions que l'enfant suivra facilement.

Toutefois remarquons encore qu'il ne suffit pas, en général, que les notions sur lesquelles nous devons nous appuyer aient été enseignées à une époque plus ou moins reculée : il faut que nous les rappelions au moment même. Quand une notion a été enseignée pour la première fois, nous avons dû la retourner en tous sens, lui chercher des analogies, la mêler pour ainsi dire à toutes les notions voisines, afin qu'elle fît corps avec l'ensemble des idées déjà acquises; cela fait, nous avons fixé cette notion sous une formule concise. Maintenant que le moment est venu de nous en faire un appui, il nous suffira de rappeler la formule sommaire, apportant avec elle son cortège d'idées accessoires, et cette formule rassemblera en un clin d'œil tous les éléments épars dans la mémoire de l'enfant. Alors, tout étant prêt, l'enseignement proprement dit commence.

Mais l'enseignement, direz-vous, sera donc une perpétuelle répétition?

Sans doute, en un certain sens. La répétition est une nécessité de l'enseignement; nous ne connaissons pas de méthode par laquelle un fait enseigné une seule fois puisse être considéré comme acquis à tout jamais. L'enseignement doit revenir sur ses pas; mais il est deux manières d'y revenir : la répétition pure et simple, machinale, ennuyeuse, dont nous nous gardons soigneusement; et le rappel sommaire à l'occasion d'une nouvelle application, et en considérant les notions sous un nouveau point de vue. Entre ces deux manières le choix à faire n'est pas douteux ; voilà pourquoi nous ne craignons pas de commencer tant de leçons par un appel aux souvenirs. Et pour que ce procédé n'entraîne pas de monotonie, nous nous efforçons de trouver des formes variées. Ce qui serait une faute de goût en littérature est une condition de progrès en pédagogie.

Les anciennes méthodes n'échappaient pas plus que nous à la nécessité de la répétition : le livre ne se répétait pas lui-même, mais c'était à l'élève qu'on faisait répéter le livre.

II. Du parallélisme dans la gradation.

La gradation doit procéder par voie d'enchaînement. En outre elle doit se faire parallèlement dans chaque matière considérée à part, et dans l'ensemble des diverses matières.

Nous disons que, dans chaque branche d'études, il faut donner à l'enfant les notions d'ensemble qui lui sont accessibles, au lieu de le retenir exclusivement sur un détail isolé, fatigant et plein d'ennui justement parce qu'il est isolé. Ainsi l'enfant aura une clarté sur toute l'étendue de chaque matière.

Voyez en arithmétique : on a l'habitude de commencer par la numération, puis quand on a épuisé tout ce qu'on avait à dire sur cette matière, on passe à l'addition, et, quand les enfants savent tout ce qui regarde l'addition, alors seulement on aborde la soustraction, puis la multiplication, la division, les fractions, laissant entièrement de côté, à mesure qu'on avance, les opérations déjà enseignées, c'est-à-dire laissant les élèves oublier chaque lendemain ce qu'on s'était efforcé de leur apprendre la veille. Agir ainsi, c'est procéder fragmentairement et rompre toute idée d'ensemble. Mais en outre de ces inconvénients très sérieux, et comme simple gradation des difficultés du calcul, cette marche est mauvaise ; en la suivant, il se trouve que l'enfant n'arrive à apprendre certaines choses très élémentaires, très faciles à comprendre, qu'après avoir traversé, dans la retenue, la compensation, d'autres difficultés relativement grandes. Procédons autrement : donnons à l'enfant des éléments de numération jusqu'à un certain degré de difficulté ; puis apprenons-lui, dans l'addition et la soustraction par exemple, les premiers éléments jusqu'au même niveau ; et ajournons les notions de la multiplication et de la division si nous les trouvons au-dessus de la portée de nos élèves. L'année suivante, revenons sur les principes de la numération, élevons-les jusqu'à un autre niveau ; puis ajoutons, sur l'addition et la soustraction, les difficultés nouvelles que les progrès des élèves nous permettent d'aborder.

La notion de ces opérations leur est alors devenue accessible, et nous pouvons les faire exécuter, en nous bornant dans l'explication aux considérations les plus simples. L'année suivante nous élèverons encore les connaissances d'un degré sur toute la ligne.

Ce que nous venons d'exposer en détail touchant

l'arithmétique s'applique d'une manière identique à toutes les autres études.

Quand il s'agit non plus d'une seule matière d'enseignement, mais de l'ensemble des études, le même principe doit être appliqué. Négliger, laisser en arrière l'une des matières quelle qu'elle soit, c'est commettre une faute de méthode.

En effet, puisque l'explication d'un fait doit s'appuyer sur des notions préalablement acquises dans un ordre de connaissances donné, les connaissances préliminaires s'étendront à d'autres matières que celle à laquelle appartient le fait dont il s'agit. — L'alimentation d'un animal par exemple se rattachera à des notions très diverses, empruntées les unes à la botanique, les autres à la physique, les autres à la géographie, etc. Il n'est pas un sujet qui ne mette en cause un autre sujet; nous sommes donc forcés de conclure qu'il faut donner à toutes les branches d'instruction un développement parallèle, sous peine de tiraillements, de retards, de fatigues, même et surtout dans les études spéciales que nous voudrions accélérer, dans l'intérêt ultérieur de l'instruction professionnelle.

Nous avons pourtant une réserve à faire : c'est pour le cas où une certaine étude est *de nécessité de moyen*. Dût-elle coûter un peu plus d'efforts, nous sommes obligés de concéder quelque chose à l'urgence, et de donner à cette étude de l'avance sur des matières plus faciles ; mais alors nous sommes d'autant plus obligés de prendre toutes les précautions qui peuvent contribuer à rendre les efforts moins pénibles. C'est ce que nous avons dû faire, notamment à l'égard de la lecture,

La lecture est un instrument de premier ordre en éducation, indépendamment de son importance propre. Mais comme cette étude offre moins d'attrait que les premières notions d'histoire naturelle par exemple, nous avons adopté des procédés spéciaux, à l'aide desquels nous pouvons, sans inconvénients, atteindre notre but.

III. De la progression dans le ton de l'enseignement.

Si nous voulons être compris de l'enfant, il nous faut, dans les premiers temps, descendre jusqu'à lui, afin de l'élever ensuite graduellement jusqu'à nous.

Le vocabulaire des enfants n'est pas riche ; il se compose d'un petit nombre de mots qu'ils combinent suivant les idées très simples qu'ils ont à exprimer. En outre les enfants ont des tournures de phrases à eux, en correspondance avec la manière de procéder de leur esprit.

Nous devons d'abord nous restreindre au vocabulaire de l'enfant, suivre dans notre enseignement son essor personnel, car il s'agit d'entrer en communication, d'établir entre l'élève et nous un échange de pensées, et il faut que cela se fasse sans effort. Savoir être enfant avec les enfants, l'être autant qu'il le faut, sans l'être trop, est un point délicat, tout d'appréciation et de tact.

A mesure que l'enfant grandit, notre enseignement doit progresser, et le ton de cet enseignement s'élever peu à peu. Puisque l'enfant acquiert sans cesse des idées nouvelles, il faut bien qu'il apprenne des mots nouveaux : il les apprendra d'abord par l'usage que nous en ferons dans la leçon ou le récit, puis par la définition que nous lui en donnerons pour en fixer le sens dans sa mémoire. De même nos tournures de phrases, sans devenir trop laconiques, sans cesser d'être familières, seront plus concises. Le ton général de notre enseignement, et même de notre conversation, doit toujours être d'un demi-degré au-dessus de la langue que parle l'enfant, afin que tout en restant en communication avec lui, notre langage l'élève et le soutienne. Si nous restions toujours au ton de l'élève, il resterait *petit enfant*, ce qui, passé un certain âge, est souverainement ridicule. D'ailleurs l'élève a besoin de sentir la supériorité du maître dans la pureté du langage de celui-ci.

Sans avoir à faire aucun effort, et sans même s'en rendre compte, les enfants deviennent assez vite corrects dans leur langage; ils apprennent, avec un bon maître, à apprécier le récit bien fait, le ton soutenu; ils sentent fort bien, quand un mot plus familier est placé au *bon endroit*, que c'est une concession qui leur est faite, et ils en sont reconnaissants. Au contraire, un langage habituellement négligé, un ton d'enseignement qui se rapproche trop de leur parler enfantin, leur déplaît; ils consentent à être traités en enfants, mais ils ne veulent pas trop de complaisance.

Le langage doit donc, sans cesser d'être simple, s'élever avec le sujet que vous traitez. Les enfants, quand une progression habile les y a préparés, peuvent nous suivre beaucoup plus haut qu'on ne le croit d'ordinaire. Si vers la fin d'un récit il se présente un sentiment délicat, une idée morale sur laquelle vous voulez appuyer, que la gradation de plus en plus choisie des paroles et de l'accent les y amène; quelques mots suffisent dans ce cas pour faire une impression profonde. Alors pas de commentaire; laissez l'enfant pendant quelques secondes à ses réflexions.

Quant aux expressions *scientifiques* ou *techniques*, il est nécessaire que vous les introduisiez graduellement dans votre langage, afin qu'ils passent dans celui de l'élève, et que celui-ci apprenne peu à peu à comprendre et même à parler la langue concise et ferme de la science. Mais n'allons pas trop vite dans cette voie : craignons d'abuser de la mémoire et d'ôter au langage de l'enfant sa grâce naturelle, en y faisant entrer des termes spéciaux, qui paraîtraient l'effet d'une affectation déplacée.

CHAPITRE VII.

DE L'OBSERVATION DANS L'ENSEIGNEMENT.

I. L'observation et l'expérience.

Nous avons déjà dit, notamment à propos de la leçon de choses, que l'enseignement doit toujours prendre pour point de départ *l'observation*. Nous avons dû commencer par faire voir et toucher aux élèves les objets familiers dont nous avions à les entretenir au début; nous avons aussi fait observer quelques-uns des faits les plus saillants que l'enfant rencontre à chaque instant sous ses yeux. Le champ, étroit d'abord, commence à s'agrandir. En nous élevant d'un degré, nous devons songer à *perfectionner notre instrument*, c'est-à-dire à donner à nos procédés d'observation directe, de démonstration expérimentale, une certaine extension, pour les maintenir en rapport avec notre enseignement agrandi.

Considérons le point de vue général. Pour enseigner comme pour découvrir les faits sur lesquels la science s'appuie, il y a deux procédés de démonstration et d'investigation : l'*observation proprement dite*, qui consiste à étudier les êtres, les choses, les phénomènes tels que la nature nous les offre ; l'*expérimentation* qui cherche à reproduire les phénomènes pour les examiner de plus près, sous leurs diverses faces, et dans les conditions les plus favorables. L'un et l'autre moyen ont leur valeur, leurs avantages, et, il faut l'avouer aussi, leurs inconvénients.

Dans la nature, les phénomènes s'accomplissent avec une grandeur sublime ; mais ils sont complexes, parce que mille causes diverses concourent à les produire ; ils sont donc parfois difficilement compréhensibles, et d'ailleurs ne se renouvellent pas à notre gré. L'*expérience*, elle, ne crée pas le phénomène : c'est toujours la nature qui agit ; mais en réunissant les conditions nécessaires à la production du phénomène, l'expérimentateur la met en demeure d'agir et de se prêter ainsi à notre observation. L'*expérience* fait tout en petit (témoin la bouteille d'eau produite à si grands frais par Lavoisier), mais elle simplifie ; elle écarte les causes accessoires, elle analyse le fait qu'elle peut répéter à volonté

Celui qui ne ferait que de l'*observation directe* prendrait une haute idée des grandeurs de la nature, mais se perdrait dans la complexité des phénomènes. Celui qui ne consulterait que l'*expérience*, posséderait l'analyse détaillée, mais perdrait de vue l'ensemble. Le vrai savant fait l'une et l'autre, complète et corrige l'une par l'autre.

Nous ne nous égarons point en exposant ces considérations ; il n'y a pas deux vérités, une pour les humbles, les petits, l'autre pour les savants. Il ne doit pas conséquemment y avoir deux modes de procéder, un pour l'enseignement supérieur, l'autre pour l'enseignement élémentaire; il y a seulement une proportion à garder, une gradation à établir, des moyens à mettre en relation avec leur but; mais au fond une voie unique. Ne pas reconnaître l'unité de méthode aux divers degrés et sous les formes diverses que doit prendre l'enseignement pour s'adapter à différentes conditions, serait admettre que l'esprit humain a deux manières opposées de procéder pour arriver à connaître le vrai; tandis qu'il n'y en a qu'une.

Entrons maintenant dans les détails pratiques, applicables à la présente période de l'enseignement.

C'est au moment où vous parlez de la tige, du tronc, des branches, des bourgeons, etc., que vous devez conduire les enfants à observer ces choses sur lesquelles ils n'ont encore jeté qu'un coup d'œil distrait. C'est quand vous parlez des diverses formes de la fleur, qu'il vous faut montrer à vos élèves des fleurs cueillies à l'avance. Et ainsi pour tous les faits qui demeurent ou se reproduisent à chaque instant. Il ne faut pas craindre d'avancer ou de retarder la leçon de quelques heures, de quelques jours même s'il est nécessaire, pour mettre l'enfant en présence de la chose à observer; ce ne sera pas du désordre, ce sera de l'ordre au contraire.

Mais il est des phénomènes qui se présentent inopinément, ou ne se reproduisent pas fréquemment: un orage, de la neige, le débordement d'un ruisseau, un coucher de soleil remarquable. Ce sont là des occasions précieuses dont il faut profiter avec empressement; des moyens puissants d'intéresser l'imagination des enfants, d'exciter en eux une saine et utile curiosité; perdre une telle occasion serait une grande faute. Nous ne comprendrions pas l'instituteur qui n'interromprait pas une leçon pour faire admirer à ses petits élèves les fugitives splendeurs de l'arc-en-ciel, ou les rendre témoins du départ d'un aérostat, ou de toute autre belle expérience.

Si l'explication du phénomène qui s'offre aux yeux de l'enfant peut se rattacher aux notions qu'il possède déjà, ne craignons pas d'anticiper sur l'ordre classique. Dans le cas contraire, au lieu d'entasser explications sur explications, bornons-nous à lui faire constater simplement les circonstances du fait, en vue d'une explication future.

L'observation de la nature est le moyen général quand il s'agit des notions nécessairement sommaires que nous devons donner. L'expérimentation est par excellence le moyen d'analyse, et sans pousser l'analyse bien loin, il est des cas où nous devons l'appeler à notre secours; elle est parlante, elle éclaire l'observation.

Lorsque vous faites une expérience, il faut l'expliquer en même temps que l'exécuter; par ce moyen on fait comprendre la nature et les causes du fait que l'on enseigne. Vous passerez ensuite aux applications, montrant comment des phénomènes semblables se produisent dans la nature sur une échelle plus vaste, ou comment l'industrie de l'homme peut en tirer parti. Puis, quand dans une autre leçon vous expliquerez des phénomènes ayant quelque chose de commun avec le fait démontré par cette expérience, il vous suffira d'en rappeler le souvenir pour établir les analogies.

Ainsi toutes les explications relatives aux nuages, à la pluie, à la rosée, etc., seront données sans peine, et comprises sans effort, si l'expérience de l'eau réduite en vapeur par la chaleur, et redevenant liquide par le refroidissement, a été préalablement faite [1].

Il n'est pas besoin d'en avertir nos lecteurs, les expériences que nous les invitons à faire devant leurs élèves sont des plus élémentaires et des plus faciles à exécuter. Il faut néanmoins y songer à l'avance, et se procurer le matériel nécessaire. Ce matériel sera pris parmi les objets les plus familiers; il faut être ingénieux et savoir tirer parti des choses usuelles. Les préparatifs doivent être faits avant de commencer la leçon; quelque simple que soit l'expérience, elle entraînerait, sans cette précaution, des lenteurs, des pertes de temps. Elle perdrait aussi de son intérêt si elle était faite sans netteté et avec des tâtonnements : il faut que le fait se voie d'un coup d'œil. Par exemple, s'il s'agit des expériences sur la lumière, décrites dans le Manuel de la deuxième année, que le trou soit fait d'avance au volet, que la feuille de papier huilé ou de carton découpé soit préparée. De même s'il s'agit d'une expérience de fusion [2], que le réchaud soit

---

1. Voyez, dans le *Manuel de 2ᵉ année*, les Notions sur quelques phénomènes naturels.
2. Voir le *Manuel de 2ᵉ année*.

apporté tout allumé, que la cuiller de fer et le morceau de plomb aient été mis en réserve. Si vous parlez du coulage du plâtre, ayez un verre d'eau et une assiette pour gâcher le plâtre, ainsi que l'objet dont vous voulez prendre l'empreinte, de l'huile pour empêcher le plâtre d'adhérer au modèle. Comme ces petites expériences ne se font pas tous les jours, mais de temps en temps seulement, les préparatifs ne peuvent être considérés comme un surcroît de travail. D'ailleurs, en retour des quelques moments que l'on y consacre, on a le plaisir d'être compris sans effort, et celui de l'attrait donné à l'étude. Or tous les moyens employés pour rendre l'étude attrayante ont pour résultat de ménager les forces physiques et les forces morales de l'instituteur.

II. Du raisonnement dans l'observation.

Mais la constatation pure et simple d'un fait en lui-même, avec les circonstances qui l'accompagnent, ne suffit pas plus dans l'enseignement que dans la formation de la science.

La science est l'œuvre de l'esprit humain, observant les faits dans la nature, puis les comparant, et déduisant par le raisonnement leurs rapports et leurs causes. Le raisonnement ne peut à lui seul créer une science; il bâtit dans le vide tant qu'il n'a pas l'observation pour base : c'est ainsi que les anciens, trop pressés de conclure, et n'ayant pas assez observé pour être en droit de le faire, se sont égarés dans les plus étranges systèmes. L'observation, d'autre part, ne peut à elle seule constituer la science : une série de faits isolés n'est pas une science, mais seulement les matériaux d'une science. Chaque fait en lui-même est intéressant à observer; mais c'est surtout par son rôle dans l'ensemble des lois naturelles qu'il a sa plus haute valeur. C'est toujours pour arriver au général qu'il faut étudier le particulier; c'est toujours en vue de la synthèse qu'il faut faire l'analyse; c'est pour connaître la cause qu'il faut observer l'effet. Et, quand on possède les *prémisses* suffisantes, il serait aussi peu logique de susprendre le raisonnement, de reculer au moment de conclure, qu'il serait téméraire de bâtir un édifice de *conséquences* avant d'avoir les données nécessaires pour donner au raisonnement des bases solides.

Ainsi doit procéder la science pour se constituer; ainsi doit procéder l'enseignement pour se conformer à la marche naturelle de l'esprit humain. Qu'on nous pardonne d'insister sur ceci; mais il est des esprits, très bien intentionnés d'ailleurs, qui voudraient que l'instruction se réduisît, en tout ordre de choses, à ce qu'ils appellent l'étude des faits positifs, c'est-à-dire à laisser de côté la considération des causes, à part peut-être la cause la plus immédiate. Ce système est une erreur, justement parce qu'il est une exclusion. Il laisse dans l'ombre tout un côté de l'esprit humain; il compte sans la faculté et le besoin de la recherche des causes, qui font partie de notre être intellectuel, et qui existent en germe chez l'enfant. Avec une pareille méthode on surcharge la mémoire, le jugement n'est ni satisfait ni exercé.

Quelques lecteurs s'étonneront peut-être de nous voir combattre un système à l'existence duquel ils sont tentés de ne pas croire. Comment, diront-ils, prétendrait-on qu'il ne faut pas donner l'explication d'un fait, ne pas exercer le raisonnement à en reconnaître les causes? Il est vrai que les personnes qui formulent ce système et l'annoncent avec franchise sont rares; pourtant, chose étrange, ce système est le plus généralement appliqué.

Les méthodes traditionnelles ne sont pas autre chose que ceci : apprendre le fait, isolé de ses rapports et de ses causes. Faut-il des preuves? Prenons au hasard.

En géographie, ne voyez-vous pas à chaque instant enseigner sur la carte le cours des fleuves sans avoir dit un mot des pluies, de la pente du sol, de l'écoulement des eaux, des sources, des ruisseaux? N'est-ce pas montrer le fait isolé de ses causes prochaines? Ne fait-on pas apprendre en détail à l'enfant la forme et la division des continents, la position des chaînes de montagnes, sans songer à lui dire un mot des soulèvements du sol, des dépôts formés par les eaux, causes de la configuration des continents et des accidents de leur surface? Et, en grammaire, la raison d'être soit logique, soit historique des faits grammaticaux, est-elle exposée ou même seulement indiquée? Quelle que soit notre reconnaissance pour le passé, nous sommes forcés de conclure que l'empirisme a été introduit par lui, et occupe encore une trop grande place dans le présent.

Améliorons, perfectionnons autant qu'il est en nous.

Qu'aucune des notions que nous voulons faire pénétrer dans l'intelligence ne soit présentée isolée de ses causes. Et si les causes d'un fait sont telles que l'enfant ne soit pas en âge de les apprécier, montrons-lui du moins des analogies, afin de ne pas laissser se former en lui l'idée d'un effet sans raison d'être. Cherchons partout les rapports, établissons des comparaisons entre les êtres, entre les choses, entre les idées.

Dans les sciences naturelles faisons observer, faisons ressortir les analogies et apprécier les différences; puis provoquons des comparaisons qui fixent les idées de l'enfant et leur servent de lien. Enfin, généralisons, formons des groupes de connaissances : l'étude *raisonnée* de la classification (proportion gardée de l'âge) fait intervenir sans cesse l'intelligence, faculté de comparaison, et le jugement, faculté de déduction. — Dans les sciences du langage faisons apercevoir les rapports logiques entre la pensée et la parole; cherchons la pensée d'abord, puis efforçons-nous de faire comprendre comment les mots se moulent sur elle.

Montrons partout l'enchaînement des choses; la cause dans l'effet, la pensée sous la forme. Ainsi notre enseignement aura la plus haute portée, puisqu'il développera à la fois chez l'enfant les deux facultés supérieures : l'observation des faits, et la recherche des causes. Ainsi nous aurons mis dans l'intelligence de nos élèves l'ensemble qui est la vie, l'ordre qui est la lumière.

FIN DE LA PREMIÈRE PARTIE.

DEUXIÈME PARTIE.

GUIDE PRATIQUE

DU COURS DE PREMIÈRE ANNÉE.

OBSERVATION PRÉLIMINAIRE.

Quoique cette première année de cours corresponde dans notre pensée à l'âge de cinq à six ans, âge auquel il convient en général de commencer l'instruction régulière des enfants, nous avons dû prévoir le cas, extrêmement fréquent, où l'enfant n'est confié aux instituteurs ou institutrices qu'après sa septième année. C'est dans cette prévision que nous donnons certains développements, certaines explications qui pourront paraître un peu avancés pour l'âge de cinq à six ans, mais qui conviennent fort bien aux enfants ayant une ou deux années de plus. Nous croyons devoir en avertir les maîtres, en laissant leur expérience juge du point où ils devront s'arrêter dans leur enseignement oral, eu égard à l'âge et aux facultés plus ou moins développées de leurs élèves.

Nous allons maintenant exposer avec détail les exercices qui se rattachent à cette première année de cours; suivant page à page les petits livres de l'élève, les commentant; indiquant des échappées de vue sur les sujets les plus divers; et la pratique des procédés. Ce n'est pas que nous craignions de nous en rapporter au zèle et au discernement des maîtres; mais nous avons cru devoir épargner, le plus possible, le temps et la peine des personnes vouées à l'instruction. Nous avons voulu, en leur apportant de nouvelles matières d'enseignement, et des procédés nouveaux, ne point leur imposer un surcroît de fatigue. Ceux de nos lecteurs qui, s'inspirant des principes de la méthode, voudront prendre une part plus spontanée dans la pratique, pourront encore trouver quelque secours dans nos petits commentaires; ils connaîtront tout au moins les motifs qui nous ont guidés.

Nous avons, dès la première année, résumé les principales notions que l'élève a dû recueillir dans l'enseignement oral, en trois petits volumes dont le texte est destiné à servir en même temps d'exercices de lecture. Ils ne peuvent être mis entre les mains de l'enfant que vers la fin du premier trimestre ou le commencement du second, alors que l'enfant sait lire; jusque-là ils serviront de guide à l'instituteur pour l'enseignement oral. Ainsi présentés, ils rempliront le véritable rôle du livre classique : celui de résumer et de fixer dans la mémoire les notions acquises. Nous ne regardons pas comme indispensable d'imposer à l'enfant la lecture suivie de ces petits textes ; l'instituteur y puisera ce qu'il jugera à propos, eu égard aux progrès accomplis par ses élèves.

CHAPITRE PREMIER.

DE L'ENSEIGNEMENT DE LA LECTURE.

I. Le procédé phonomimique.

De toutes les études, celle qui coûte le plus à l'enfant, qui est le plus antipathique à sa mobilité, c'est sans contredit l'étude de la lecture.

Il n'est pas un de nous qui ne se souvienne des ennuis et peut-être des larmes qu'elle lui a coûtés! Certes depuis l'époque où nous passâmes par cette épreuve, de grands progrès ont été faits. L'enseignement de la lecture est devenu à la fois plus rapide et moins pénible. Pourtant, malgré ces progrès, l'étude de la lecture est encore peu attrayante ; et elle se complique, surtout dans notre langue, d'exceptions sans nombre et d'étranges anomalies.

En modifiant l'énoncé des lettres, et en supprimant l'ancienne épellation, un grand pas avait été fait.

Comment, en effet, s'étonner des lenteurs et des ennuis que rencontrait l'enfant dans l'étude de la lecture, lorsqu'on la lui enseignait par une méthode qui lui fait du mot le plus simple, de *chapeau* par exemple, un assemblage tel que celui-ci : céachacha-pééaüpô [1] ! Pour nous, ce qui nous étonne, c'est qu'on vienne à bout d'enseigner la lecture avec ce moyen. Rien ne saurait prouver devantage l'avidité et l'admirable aptitude de l'enfant à apprendre.

L'ancienne épellation supprimée, la complication la plus considérable disparaît; mais alors il faut suppléer au moyen d'analyse qu'elle réalisait. Ceci a été fait de la manière le plus heureuse par l'inventeur du procédé phonomimique : M. Grosselin [2].

Le procédé de M. Grosselin consiste à faire accompagner l'émission des sons, et la préparation des articulations, de certains rapprochements d'idées indiqués par un mouvement de la main.

Cette méthode avait d'abord été destinée aux sourds-muets; l'émission des sons était remplacée pour eux par le mouvement qui leur en offrait l'équivalent. Mais dès les premières expériences, des personnes appelées officiellement à juger cette méthode furent frappées des facilités qu'elle introduirait dans l'étude de la lecture, et engagèrent M. Grosselin à l'étendre aussi aux *entendants-parlants*. Bientôt après il ne fut

---

1. Amalgame qui vous surprendra sans doute, en le voyant écrit pour la première fois.
2. Le procédé phonomimique, si logique, si clair, rencontre chez quelques personnes certaines préventions, que l'expérience dissipe facilement. Nous croyons devoir mettre nos lecteurs en garde contre une impression non fondée, que nous avons éprouvée nous-même au premier abord. Des personnes d'un grand sens et d'une autorité incontestable n'ont pas craint, après épreuve faite, de revenir également sur leur première opinion. C'est le fait d'expérience dont nous parlions tout à l'heure.

plus possible de mettre en doute les avantages qu'elle offre aux enfants qui possèdent la faculté de l'ouïe et du langage.

Il semble au premier abord qu'il existe une certaine analogie entre ce procédé et la *dactylologie* [1] (l'alphabet des sourds-muets); pourtant la différence qui les sépare est capitale.

Dans la dactylologie, chaque mouvement des doigts représente une lettre, quelque valeur que lui donne sa position, ou le caprice de l'orthographe. Dans la méthode phonomimique, au contraire, chaque geste représente un *son* ou une *articulation*, abstraction faite des lettres qui les désignent. Pour résumer en deux mots ce parallèle, nous pouvons dire que la dactylologie représente l'*écriture*, et que la méthode de M. Grosselin représente la *parole*.

Mais, dira-t-on, le geste fait double emploi avec l'émission du son, et alors une nouvelle complication se trouve ajoutée à une étude déjà trop compliquée?

Oui sans doute le geste fait double emploi, du moins à certains égards; mais comment ce double emploi devient un avantage, comment cette complication apparente devient, dans la pratique, une simplification considérable, c'est ce qui ressort clairement de l'usage, et ce que nous allons tâcher de faire comprendre.

Les mouvements, qui dans le procédé phonomimique représentent chacun des sons, chacune des articulations, éléments de la parole, n'ont pas été pris au

---

1. *Dactylologie*, langage à l'aide des doigts.

hasard ; on s'est déterminé dans le choix par certaines analogies qui en font des procédés mnémotechniques. Sans doute quelques-uns de ces signes ne sont pas très exactement imitatifs; mais il suffit que les petits élèves trouvent une association d'idées suffisante entre le mouvement et le son qu'il représente. En cela les enfants ne se montrent pas si difficiles que nous. Quelques exemples en fourniront la démonstration.

Le son a (quel que soit le groupe de lettres qui le représente : ah! ha!) est l'exclamation naturelle de l'étonnement, de la surprise, de l'admiration; le mouvement qui l'accompagne consiste ordinairement à lever la main. Dans le procédé imitatif en prononçant le son : a, on lève la main droite à la hauteur de l'épaule.

Le son o (oh! ho!) est l'interjection qui interprète la répulsion, l'indignation. Le geste qui représente cette idée de répulsion, celui par lequel on cherche à repousser ce qui inspire l'horreur, consiste à étendre le bras droit en avant, la main prenant l'attitude qui convient à cette expression.

Un autre exemple ayant trait à l'articulation fe (ou *phe*). Nous ne disons pas la lettre *effe*. Cet exemple est fourni par le chat dont on a excité la colère : il présente ses griffes aiguës, et fait entendre une sorte de sifflement qui peut être représenté ainsi : *ff*.... L'enfant, en prononçant l'articulation *ff*.... imite le geste du chat courroucé. Ceci vous fait sourire sans doute, mais veuillez réfléchir que l'enfant comprenant très bien ce qui est à sa portée, le geste représentatif fixe dans son esprit l'articulation dont le son est représenté. Si la mémoire vient à éprouver quelque hésitation, l'imagination de l'enfant recourt à l'association d'idées qui a **dicté** le choix du geste. Toute cette opération mentale se fait avec une rapidité inimaginable, et d'une façon quasi instinctive. Telle est en notre esprit l'opération inconsciente par laquelle, à l'aspect de certaines circonstances physiques, nous nous rappelons des faits depuis longtemps oubliés.

Donc, à la *mémoire de l'œil*, à celle de l'*oreille*, le procédé mimique ajoute cette mémoire de la *main*, implicitement reconnue par tout le monde, et qui fait dire à un musicien : j'ai ce morceau dans les doigts. Enfin, on en appelle encore à la mémoire de l'*idée*, résultat des combinaisons rapides de l'intelligence.

C'est par ce côté que le procédé de M. Grosselin se rattache à la méthode naturelle. C'est parce qu'il fait appel à tous les sens, à toutes les facultés, pour faire pénétrer l'enseignement dans l'intelligence et la mémoire de l'élève, que nous l'avons adopté.

Quand on entre dans les détails de la pratique, on voit ressortir d'une manière constante les avantages de ce procédé.

Ainsi, à l'aide de l'enseignement phonomimique on peut faire commencer les exercices préliminaires de la lecture dès l'âge de trois ans. En y apportant la mesure convenable, il n'y a nullement à craindre que ces exercices fatiguent le cerveau des enfants. Avec les anciens procédés et la tension d'esprit qu'ils imposent à l'élève, commencer de si bonne heure serait une témérité.

Le procédé phonomimique n'exige pas l'immobilité, cause d'ennui insupportable et de souffrance physique pour l'enfant. L'attention des petits élèves, captée par l'exercice phonomimique qui met toute leur activité à contribution, ne se fatigue pas, et cette étude est pour eux sans effort[1].

Rien de plus animé qu'une leçon de lecture ainsi donnée ; c'est un véritable exercice de petite gymnastique. Tout enfant entraîné par le geste de ses camarades se met naturellement de la partie ; nul ne peut s'en abstenir, comme il arrive dans ces exercices à haute voix où la moitié des enfants peut se taire, et son silence être dissimulé par le tapage des autres. Ici une abstention ou une erreur est aussitôt aperçue. Le maître voit d'un coup d'œil toutes les petites mains ; une distraction ou une faute ne peut lui échapper. Ce contrôle est d'une telle rigueur que nous invitons l'instituteur à négliger les imperfections insignifiantes, avec la certitude qu'il ne lui en échappera aucune vraiment importante.

Lorsqu'il s'agit d'assembler les sons et les articulations pour former des syllabes, et les syllabes pour former des mots, le procédé phonomimique offre encore des facilités merveilleuses. Par la vue du signe écrit ou du mouvement représentant une articulation (consonne), l'enfant s'habitue à *préparer*, c'est-à-dire à disposer les organes vocaux dans la position convenable pour prononcer ce qui va suivre, et à en sus-

---

[1]. Toutefois la leçon de lecture pour être fructueuse ne doit pas durer plus d'un quart d'heure.

pendre l'émission jusqu'au moment où, au signal du maître, il *résout* sur la voyelle l'articulation préparée. Soit, par exemple, la syllabe *sa*. Au signe de la main représentant l'articulation sifflante de l's en imitant le mouvement onduleux du serpent qui se glisse, l'enfant prépare l'articulation **sss…**; puis au geste qui représente le son **a**, il prononce nettement la syllabe **sa**. Et comme la main indique successivement de nouveaux sons et de nouvelles articulations, il n'y a entre chacune des syllabes d'un mot qu'un temps d'arrêt extrêmement court, et l'assemblage du mot entier se fait de lui-même. La *syllabe inverse*, où le son précède l'articulation, est tout aussi facile; les articulations doubles ou triples sont également un jeu pour l'enfant, tant est naturelle la manière dont il les décompose. Après un temps très court, l'élève, en s'aidant des mouvements, prononce sûrement ce qu'il a analysé tout bas, et il fait cette opération avec une telle rapidité qu'il devient quelquefois difficile au maître de le suivre.

Les signes phonomimiques sont très vite appris par les enfants; deux ou trois leçons leur suffisant. Mais il faudra leur apprendre à mesure les signes écrits ou lettres. Des récapitulations et de fréquentes applications venant souvent rappeler les signes déjà appris, il n'y a pas à craindre qu'ils soient oubliés.

Par l'emploi de ce procédé, l'étude de la lecture marche si bien, et si vite, qu'après un mois, et deux leçons d'un quart d'heure par jour, la plupart des enfants de quatre à cinq ans commencent à lire couramment.

Une objection qui semble sérieuse au premier abord a été faite au procédé phonomimique. On a demandé si les mouvements représentent les sons et les articulations, et non les *lettres* dont se composent les mots, il n'y a pas lieu de craindre que ce mode d'enseignement ne nuise plus tard à l'exactitude de l'orthographe.

La réponse est facile :

La prononciation des mots, souvent si différente de l'orthographe, nuit-elle à l'enfant sous ce rapport ? Non, évidemment. Alors les mouvements qui représentent la prononciation ne sauraient leur nuire davantage. Il y a plus : l'expérience a prouvé que le procédé phonomimique favorise l'enseignement de l'orthographe. Les enfants retiennent d'autant mieux les lettres dont se composent les mots placés sous leurs yeux, qu'obligés de les analyser par groupes phoniques, et de laisser de côté les lettres nulles (ou muettes), en les désignant comme telles, ils les remarquent davantage. Ce n'est donc pas le procédé phonomimique qu'il faut proscrire, c'est la routine qui induit l'enfant dans les plus grosses erreurs. Dans notre méthode de lecture nous n'offrons comme exemple que des syllabes orthographiées d'une façon normale. Les autres syllabes ne sont pas présentées à part; mais elles font partie des mots plus difficiles que le procédé phonomimique permet de faire lire très promptement aux petits élèves. Ainsi les déviations orthographiques non-seulement ne sont pas à craindre, mais encore elles sont prévenues.

Quelques personnes ont fait une autre critique bien

peu à sa place en cette circonstance; elles ont trouvé *puéril* ce procédé d'enseignement par gestes. Nous acceptons volontiers ce reproche, si c'en est un.

Le procédé est *puéril*, c'est-à-dire *enfantin*. Mais n'est-ce pas à de tout petits enfants qu'il s'adresse? Tant mieux alors s'il est approprié à leur âge. Puisque nous ne pouvons élever d'emblée l'enfant à la hauteur de nos procédés, il nous faut descendre à la puérilité des siens, et nous ne croyons pas déroger. S'y refuser, sous prétexte de nous ne savons quelle fausse dignité, serait commettre soi-même une véritable puérilité. L'instituteur qui ne serait pas capable de condescendre à l'enfance ferait bien de renoncer à l'éducation.

II. Pratique du procédé phonomimique.

Après avoir exposé les motifs qui nous ont déterminés à adopter le procédé phonomimique, il nous reste à entrer dans les détails pratiques de ce procédé, en montrant comment il doit être adapté à la disposition de notre méthode de lecture.

Les signes phonomimiques, ou mouvements employés pour la lecture, sont au nombre de trente-deux; ajournons ceux qui correspondent à des groupes de lettres : cinq correspondent aux cinq voyelles a e i o u, les quinze autres aux quinze principales articulations.

SONS SIMPLES.

Méthode de lecture, pages 10 et suivantes.

Les mouvements ont été choisis de manière à rappeler, au moyen d'une association d'idées, le *son* ou l'*articulation* qu'ils représentent. Prenons pour exemple le signe a[1].

Les maîtres enseigneront à peu près de la manière suivante, en préparant leur auditoire par une courte allocution.

« Quand vous voyez, mes chers enfants, quelque chose qui vous étonne, ou s'il m'arrive de vous montrer une belle chose, une grande image par exemple, vous êtes charmés et vous dites : **Ah !** »

En disant **a**, vous élevez la main droite à la hauteur de l'épaule.

« N'est-ce pas, que vous faites ainsi ? Vous dites **a** (répétez le geste) pour *exprimer l'admiration*. Et maintenant, regardez votre livre (ou le tableau), voici une image représentant une petite fille qui *exprime l'admiration* qu'elle éprouve. Elle fait, elle aussi, ce geste en disant : **a**. Eh bien, la lettre que vous voyez placée auprès de cette petite fille est un **a**. Dites-moi maintenant comment on exprime l'admiration, et quelle est la lettre que voici ? »

Les enfants font le geste en disant : **a**.

Vous passez au signe de l'**e**. (Faites toujours pro-

---

[1]. Pour toutes les explications qui suivent, voir les figures intercalées dans *Enseignement de la lecture* 1re *année*, ou dans les Tableaux de lecture correspondant à la Méthode.

noncer e muet comme dans *le, de, te,* et non pas é). Le signe de l'e se fait en posant la main sur la poitrine, pour imiter le geste d'une personne fatiguée, *essoufflée,* qui respire avec effort. Donnez cette petite explication et enseignez la lettre correspondante.

Le son o (**oh!**) est l'exclamation qui exprime l'horreur : faites, en le disant, le geste par lequel on repousse un objet qui inspire de l'aversion. Expliquez ceci aux enfants, en leur faisant connaître la lettre o.

Le son i est le son du rire enfantin. Le geste qui l'exprime consiste à indiquer avec le doigt le coin de la bouche qui se relève dans le rire. Appliquez le doigt obliquement sur la joue, de telle sorte qu'il joigne le coin de la bouche. Enseignez en même temps la lettre i.

Enfin l'u (**hu!**) est l'exclamation dont le cocher se sert pour faire marcher son cheval. Le geste qui l'exprime consiste à imiter le mouvement du bras qui fait claquer le fouet. Pour arriver à bien faire ce geste, prenez d'abord une petite baguette qui représentera le fouet. Quand les enfants sauront de quoi il s'agit, ils ne seront pas en peine pour vous imiter.

Ces cinq premiers sons étant connus, ainsi que l'idée, le geste, et la lettre qui correspondent à chacun d'eux, faites faire les exercices suivants, en donnant de l'entrain à votre leçon.

Premier exercice. Comment exprime-t-on *l'admiration?*

Comment exprime-t-on *l'horreur?*

Comment imite-t-on la *fatigue?*

Comment imite-t-on le *cocher?*
Comment indique-t-on le *rire?*
Les enfants devront répondre tous ensemble de la voix et du geste.

Deuxième exercice. Vous faites le geste sans parler; les enfants vous imitent en prononçant la voyelle.

Troisième exercice. A votre tour vous prononcez le son en indiquant la lettre, et ce sont les enfants qui font le geste en prononçant le son.

Quatrième exercice. Montrez avec une baguette les cinq voyelles, dans leur ordre alphabétique d'abord, puis sans aucun ordre. Les enfants prononcent et font les mouvements à mesure que vous indiquez les lettres. Ceci doit se faire avec un certain rhythme, au coup de baguette légèrement frappé sur le tableau. Les premières fois il y aura un peu d'indécision, mais bientôt vous aurez la satisfaction de voir vos élèves faire les mouvements, et prononcer les sons, avec netteté et assurance.

Cinquième exercice. Vous prononcez la voyelle. Un enfant (pris à tour de rôle) indique sur le tableau avec la baguette la lettre correspondante. Les autres répondent de la voix et du geste, et reprennent leur condisciple s'il se trompe.

Si une leçon vous paraissait insuffisante pour tous ces exercices, divisez-les en deux ou trois séances.

Ce qui importe, c'est que vous arriviez à les faire exécuter exactement et rapidement.

Quand ceci sera obtenu vous passerez aux consonnes. Chaque leçon ajoutera cinq ou six nouveaux signes, mais avant de les introduire il sera bon de commencer par la répétition des signes et mouvements préalablement enseignés.

ARTICULATIONS SIMPLES EXPRIMÉES PAR UNE SEULE LETTRE.

Méthode de lecture, pages 12 et suivantes.

Voici maintenant une très importante observation. Les consonnes n'ayant pour ainsi dire pas de sonorité par elles-mêmes, on ne peut les faire bien sentir qu'en les *résolvant* sur un son. Le son qu'il faut choisir pour cela, comme étant le plus sourd, c'est l'e muet, et encore faut-il insister fortement et longuement sur l'articulation. Exemple : **sssse, rrrre**.

Il est très important d'accentuer ainsi fortement l'articulation, et de rendre presque nul le son de l'e muet que l'on est contraint d'employer. C'est en faisant prendre cette habitude de bonne heure que l'on facilitera la syllabation, et surtout l'énoncé des syllabes inverses qui offre une certaine difficulté.

La consonne **p** (forte labiale *explosive*[1]) se représente en imitant le geste d'un enfant qui, ayant posé

---

[1]. La classification des voyelles et des consonnes est exposée avec détail dans le *Manuel de seconde année*.

sur sa main une *plume*, souffle pour la déplacer, en faisant entendre une légère explosion des lèvres **ppp**....e. Expliquez ainsi ce geste, et faites connaître la lettre à laquelle il correspond.

Le **b** (douce labiale explosive), prononcez **bbbb**....e, rappelle le *beuglement* du *bœuf*. Le mouvement qui le représente consiste à placer la main fermée à la hauteur de la tempe, en la touchant du pouce, pour indiquer l'endroit qu'occupe la *corne* du bœuf. Expliquez ainsi le geste.

Le **t** (forte dentale explosive). En prononçant **te**, on rappelle le tic-tac d'un balancier. Pour représenter cette consonne placez la main droite ouverte dans un plan vertical, et agitez-la de droite à gauche en indiquant d'une manière rhythmée le mouvement du balancier d'une horloge. Expliquez ainsi ce geste.

Le **d** (douce dentale explosive) s'indique en posant la main droite sur la poitrine dans une position horizontale, en imitant le geste d'une femme qui couche un enfant sur son bras pour l'endormir en lui chantant : do do. Rattachez le geste et l'articulation **d** à cette idée.

Le **f** (forte labiale soufflante) est le bruit que fait entendre le chat irrité qui lève sa griffe. Imitez ce mouvement en présentant les doigts courbés. Rattachez le geste à cette idée et prononcez : **fffe**.

Le **v** (douce labiale soufflante), prononcé **vvvv**....e, rappelle le bruit d'un oiseau qui s'envole. Imitez le vol de l'oiseau en élevant le bras dans l'espace et prononçant en même temps : **v**.

Le **s** (forte dentale sifflante), prononcez **ssss**....e, imite le sifflement du serpent : le geste qui y correspond représente le mouvement onduleux du reptile. Pour l'exécuter, posez la main étendue horizontalement (sans écarter les doigts), à la hauteur de la poitrine, puis avancez-la en serpentant.

Le **z** (douce dentale soufflante), prononcez **zzz....e**, rappelle le bruit du zéphyr dans le feuillage. Le signe mimique par lequel les sourds-muets ont coutume de représenter un arbre, consiste à lever la main droite jusqu'à hauteur d'épaule, en écartant un peu les doigts et les agitant pour simuler le feuillage agité par le zéphyr. Faites de même, rattachez le geste à cette idée.

Le **c** dur (forte explosive palatale, c'est-à-dire prononcée avec le palais). Il est nécessaire de faire prononcer d'abord **ke**, réservant pour plus tard les cas où le **c** s'adoucit et se prononce **se**. Le **c** dur est l'articulation que l'on démêle dans le cri du *coq*. (Remarquez que dans le nom de cet animal l'articulation **c** ou **ke** est répétée deux fois.) On rappelle cette idée en plaçant la main ouverte sur le front, de manière à simuler une *crête*, ou du moins à en désigner la place. La *crête* rappelle le *coq*, et celui-ci l'articulation **c** (dur).

Le **g** dur (douce explosive gutturale) est le bruit de la respiration entrecoupée, *étranglée* par l'angoisse. Il se désigne en posant le doigt sur le gosier.

Le **r** (linguale vibrante), prononcez **rrrr....e**, rappelle le bruit d'une roue. Imitez avec la main le mouvement de la roue qui tourne.

Le **l** (linguale liquide), prononcez **llll....e**, rappelle le bruit de l'eau qui coule dans le lit d'un ruisseau paisible. Le geste qui l'exprime consiste à étendre horizontalement la main, en allant de *gauche à droite*, pour imiter l'eau qui se répand sur une surface nivelée. Ce mouvement est pour ainsi dire la traduction du mot *liquide* qui sert à caractériser la consonne l.

Le m (douce labiale nasale), prononcez mmm...e, imite le mugissement sourd d'une vache. On rappelle l'idée de la vache en simulant l'action de traire. Le geste consiste à fermer à demi la main, en la faisant descendre un peu.

Le n (nasale explosive), prononcez nnn....e, est la consonne nasale par excellence. Rappelez ceci en posant le doigt sur la narine.

Le j (palatale soufflante douce), prononcez jjjj....e, est le bruit de l'eau qui *jaillit* d'un *jet* d'eau. On rappelle cette idée en désignant du doigt la direction d'un jet d'eau qui s'élève. Faites ressortir cette analogie.

REMARQUE ESSENTIELLE.

Ne perdez jamais de vue que le geste représente le *son* ou l'*articulation prononcée*, et non pas la *lettre écrite*. Ainsi le geste employé pour le son o ne représente pas exclusivement la lettre o, mais le son o, de quelque manière qu'il s'écrive : oh! eau, au, etc. De même le geste employé pour l'articulation gue ne représente pas exclusivement la lettre g puisque, dans le cas où cette lettre se prononce comme un j, on emploie le signe j et non le signe g. Ainsi que nous l'avons déjà dit, la phonomimie représente la *parole* et non pas l'écriture. Si jusqu'ici chaque geste n'a été mis en regard que d'un seul signe écrit, c'est que, au début, nous avons dû choisir d'abord les sons et les articulations simples représentés par une seule lettre.

Après avoir enseigné l'idée et le geste qui se rattachent à un signe écrit, vous devez faire exécuter les exercices suivants, analogues à ceux que nous avons précédemment indiqués.

Premier exercice. Comment exprimez-vous l'horreur? — l'admiration? — la fatigue?

Comment imitez-vous le rire?

Comment fait-on pour faire voler une plume? — partir un cheval? etc. De telle sorte que tous les mouvements connus soient passés en revue. Les enfants doivent vous répondre de la voix et du geste. Ayez toujours soin d'alterner l'ordre des questions.

Deuxième exercice. Énoncez le son ou l'articulation, et que les enfants le reproduisent de la voix et du geste.

Troisième exercice. Faites les mouvements sans parler, et que les enfants répondent de la voix. Puis répétez cet exercice en nommant, et que les enfants répondent du geste.

Quatrième exercice. Faites désigner de la voix et du geste les signes que vous indiquerez au tableau. Puis prenez un enfant parmi les plus intelligents, et faites-lui désigner sur le tableau, avec la baguette, les lettres que vous lui demanderez par le geste et la voix alternativement.

Quand les lettres et les signes de la main seront devenus familiers aux enfants, et qu'ils répéteront sans hésitation tous ces exercices, l'instituteur devra commencer l'enseignement de la *syllabation*.

SYLLABATION.

Méthode de lecture, pages 17 et suivantes.

Nous abandonnons pour un instant le commentaire suivi de la *méthode*, afin de mettre immédiatement nos lecteurs au courant des procédés dont ils devront user avec leurs élèves.

A l'aide du procédé phonomimique, la *syllabation*, qui consiste à joindre un son à une ou plusieurs articulations, est chose tellement simple, que les élèves ne sont aucunement embarrassés pour la pratiquer, aussitôt que la manière d'exécuter cette opération leur a été expliquée. C'était là, dans les anciennes méthodes, le nœud gordien de l'enseignement de la lecture, et c'est même en cela presque uniquement que consiste la *lecture* proprement dite. L'instituteur, avant d'en venir à l'exécution des mots, devra en figurer les différentes parties à l'aide des mouvements.

Supposons d'abord le cas le plus facile, celui où une articulation simple est jointe à une voyelle simple aussi; soit le monosyllabe **sa**.

Exécutez le **s** en l'accompagnant du sifflement de la

consonne **ssss**.... (et non pas **se**); puis immédiatement, sans aucune suspension, portez la main à la position qui indique le son **a**. A ce moment le souffle de la consonne tombe sur le son **a**, et forme : **ssss....a**. Répétez cet exercice sur les syllabes **rrr....a, jjj....a, fff....a, zzz....a**, etc.

Après quelques instants vous serez habitués à cette association de gestes et de sons.

Vous abordez ensuite les explosives **b, t, d**, etc. Au geste qui représente l'*articulation*, vous disposez les organes vocaux dans la position qui prépare l'émission de la consonne, et au moment où le geste de la voyelle s'exécute, vous prononcez la syllabe. Exemple : **b....a, t....a**.

Il faut que les deux mouvements se succèdent sans interruption sensible, et cependant sans se confondre l'un avec l'autre.

Avec un peu d'habitude vous arriverez à exécuter les mouvements sans y songer, absolument comme vous parlez sans songer aux mouvements que votre bouche exécute.

L'instituteur devra s'exercer sur toutes sortes de syllabes, afin de s'habituer à lier ensemble tous les gestes phonomimiques. Mais quand il s'agira d'enseigner les enfants, il n'en sera pas de même. Ceux-ci devront être exclusivement exercés d'abord sur les syllabes que nous indiquons dans notre livre de lecture, et qui sont des mots monosyllabes *régulièrement orthographiés*.

Pour préparer l'articulation il faut disposer la langue et les lèvres en même temps que faire le mouvement qui la représente, puis la faire tomber nettement sur la voyelle, en supprimant toute trace d'e muet.

Pour habituer l'enfant à assembler nettement l'articulation et le son, il faut lui faire remarquer que le premier temps d'une action est un mouvement préparatoire; dites-lui, par exemple : « Quand vous voulez lancer une pierre, votre premier mouvement est de tendre le bras; le second mouvement, de lancer la pierre. Quand vous voulez sauter, votre premier mouvement est de plier les genoux; le second, de vous élancer. Eh bien! quand vous voulez prononcer une syllabe, il faut aussi faire un mouvement préparatoire : au premier temps, vous disposez vos lèvres et votre langue sans rien prononcer; puis au second temps vous prononcez l'articulation et le son réunis, en faisant les mouvements qui y correspondent. » Pour rendre ceci plus facile, vous indiquez le premier temps par deux petits coups de baguette; le second, par un seul coup un peu plus fort.

Quand il s'agira de passer des *monosyllabes* aux mots composés de plusieurs syllabes, aucune difficulté nouvelle ne se présentera. Soit par exemple le mot *demi;* faites l'un après l'autre les quatre mouvements en préparant chaque articulation de manière à la faire tomber sur la voyelle désignée par le geste suivant, *de-mi*, sans faire de pose entre les syllabes.

ARTICULATIONS SIMPLES, SYLLABES INVERSES.
Méthode de lecture, pages 19, 20, 24.

Les syllabes dites *inverses* n'offrent pas plus de difficulté que les syllabes *directes*. L'enfant doit prononcer la voyelle au premier mouvement, et prolonger le son jusqu'à l'articulation que le second désigne : *a....rrrr, o....ffff,* etc.

DIFFÉRENTS SONS DE L'E.
Méthode de lecture, pages 21 et suivantes.

Jusqu'ici aucune exception n'est venue entraver notre marche. Nous voici maintenant en présence d'une complication qui n'est une difficulté que pour l'enfant. L'é *fermé* et l'è ou e *ouvert* (on appelle ainsi ces différents sons de l'e parce que la bouche doit être *fermée* ou *ouverte* pour les prononcer) nous présentent la première complication orthographique, celle d'un signe unique servant à représenter plusieurs sons différents, avec la seule modification de l'accent qui le surmonte. Dans la lecture phonomimique l'é et l'è, représentant un autre *son* que l'e muet, sont figurés par un autre mouvement, puisque c'est au *son* et non à la *lettre* que le signe de la main correspond.

L'é ou l'è se représentent par le même mouvement légèrement modifié. C'est le signe et le son qu'on emploie naturellement pour appeler une personne éloignée : *hé* (ou *hè!*). Le geste se fait en portant la main, par un mouvement arrondi, à la hauteur de l'épaule du même côté, et la main tournée vers le corps. L'é (fermé) se représente avec les doigts recourbés, l'è (ouvert) avec les doigts étendus.

Enfin l'e est encore susceptible d'une nouvelle modification. Il est absolument *nul* à la fin des mots, et même dans le corps de certains mots.

Puisque nous ne prononçons pas l'e final des mots *mère*, *père*, pourquoi le faire prononcer dans l'épellation? L'enfant a peine à reconnaître les mots ainsi défigurés, et cette prononciation devant être abandonnée plus tard, pourquoi l'introduire? Qu'est-ce donc qu'un *pè-reu?* qu'est-ce donc qu'une *fè-teu?* se demandent les enfants. Si l'e final est précédé d'un son voyelle, c'est bien pis encore ; que dites-vous de ces mots par exemple : une *oi-eu* (une oie), une *épé-eu* (une épée)? En reconnaissant pour *nul* l'e final, nous évitons cet effet ridicule. D'ailleurs tant de lettres sont *nulles* en français, surtout à la fin des mots, qu'il ne faut pas craindre de commencer de bonne heure à faire comprendre à l'enfant que *certaines lettres ne doivent pas être prononcées*

Toute lettre *nulle*, quelle que soit sa position, ne donne lieu à aucun mouvement; ainsi, en figurant le mot *arme*, vous faites simplement les trois gestes a....r.....m. Quand vous ferez lire ces mots aux enfants, après leur avoir fait bien comprendre que l'e final sans accent ne se prononce presque jamais (excepté dans les monosyllabes *le*, *me*, *te*, etc.), vous faites lire avec les mouvements a....r....m — et ajouter, sans mouvement — e « *nul!* » Plus tard, quand cette notion sera devenue familière aux enfants, vous supprimerez cette dernière énonciation.

SON SIMPLE.

Représenté par deux lettres.- *Méthode de lecture*, page 25.

Voici un son nouveau pour l'enfant : **ou**, et ce son est écrit par deux signes, quoique ce soit un son simple. Ce son ressemble au hurlement du loup; pour rappeler le loup, les enfants simulent l'action de mordre le bord de leur main placée en travers de la bouche. Dans le cours des exercices on présente simplement la main horizontalement devant la bouche.

Montrez le groupe de lettres auquel ce mouvement correspond, en faisant en sorte que l'enfant lise d'un coup d'œil **ou** et non séparément : **o — u**; puis passez aux exercices.

VOYELLES NASALES.
Méthode de lecture, page 26.

Agissez de même pour les quatre voyelles nasales **an, in, on, un**. Voici la description et la signification des mouvements :

An, rappelle l'effort, le gémissement que laissent échapper les lèvres contractées d'un charpentier abaissant une lourde hache. Vous devrez expliquer ceci aux enfants; le geste se fait en repliant l'avant-bras sur le bras et tenant la main fermée.

In : l'effort du boulanger qui bat la pâte dans le

pétrin. Le garçon boulanger chargé de cette manipulation porte le nom expressif de *geindre*. Le mouvement se fait en abaissant la main de toute la longueur du bras.

On : hon ! c'est une sorte d'interjection très usitée en vieux français, et assez habituelle aux personnes qui ont l'ouïe paresseuse ; cela signifie : « Je n'ai pas entendu, répétez. » Le mouvement familier aux personnes un peu sourdes consiste à placer la main recourbée derrière l'oreille, pour concentrer le son et le diriger dans le conduit auditif.

Un : hun ! ou hum ! interjection qui exprime le doute, le soupçon. Le geste qui l'accompagne consiste à placer le doigt levé à la hauteur du visage, avec une expression rappelant celle d'une mère qui suspecte le silence de son enfant, et lui exprime son doute.

Am, Im, om, um, se prononcent comme **an, in, on, un**, et par conséquent se figurent par les mêmes mouvements. Les cas où ils se prononcent autrement sont les moins nombreux ; nous en parlerons plus loin.

Afin de rendre tout ceci plus clair, et de faire mieux saisir la manière d'exécuter les mouvements, décomposons le mot **bouton**, qui contient le son **ou** et la voyelle nasale **on**, représentés chacun par un seul geste : **b-ou-t-on**.

ARTICULATION DOUBLE.
Représentée par une seule lettre, page 28.

La progression que nous avons adoptée amène ici la lettre **x**. Cette lettre avait été écartée par nous du tableau des consonnes, car bien qu'elle soit *une* lettre unique, elle représente les deux articulations *composées* : **ks, gz**.

L'articulation sifflante *ks*.... est le bruit que l'on fait pour exciter la colère d'un chien.... Le geste qui l'accompagne consiste à allonger les deux premiers doigts en faisant parcourir à la main une ligne transversale de droite à gauche. Le signe de l'articulation composée *gz* se fait avec un seul doigt.

ARTICULATIONS DOUBLES.
Méthode de lecture, page 29.

Les *articulations composées* n'offrent aucune difficulté. Il suffit de faire suivre sans interruption les mouvements qui les représentent. Exemple : **b.r.in.... p.l.a.m.** Ceci n'est qu'un jeu pour les enfants.

SONS SIMPLES.
Représentés par deux lettres, page 32.

Les signes **au, eu, ai, ei**, équivalant aux signes **o, e, è**, se représentent par les mêmes mouvements. Il y a bien une différence entre l'e de *me*, *te*, et le eu de *feu*: mais elle n'est pas assez considérable pour qu'on ait cru devoir indiquer un mouvement spécial. Vous ferez sentir cette différence en *prononçant*, mais le même mouvement servira pour ces deux formes d'écriture, avec cette modification que, pour eu, la main posée sur la poitrine aura les doigts écartés.

SON SIMPLE.
Signes équivalents, page 33.

L'y (i grec) doit être considéré comme *équivalent* d'i. Vous le donnerez aux enfants comme une *autre forme* d'i particulière à la Grèce. Le même geste est affecté à l'i et à l'y se prononçant i. Puisque l'y est un i, yn et ym se prononcent comme in et im. Cette conclusion est fort bien comprise par les jeunes élèves. Nous verrons plus loin le cas où l'y est employé pour deux i.

ARTICULATIONS SIMPLES.
Emploi différent d'un même signe, page 34.

Quand vous serez arrivés à l'explication du c et du g, se prononçant s et j, devant e, i et y, vous expliquerez que, dans ce cas, ces deux lettres se représentent par les mêmes signes de la main que l's et le j.

MODIFICATION DE L'E.
Méthode de lecture, page 35.

La difficulté de la page suivante : e *fermé* ou *ouvert*, c'est-à-dire rendu sonore par l'influence de l'articulation qui suit dans la même syllabe, est purement une difficulté de lecture, qui ne change rien aux mouvements. Puisque *fer* se prononce comme s'il y avait *fèr*, vous le représentez de même : **f è r**. — Nous répétons que l'articulation n'agit sur l'e que lorsqu'elle appartient à la même syllabe.

SONS COMPOSÉS.
Méthode de lecture, page 36.

Les sons composés de deux voyelles se prononçant presque d'une seule émission de voix, ne donnent lieu à aucune difficulté : les deux mouvements de la main doivent se suivre sans interruption, voilà tout.

SON COMPOSÉ.
Oi, se prononçant *oua*, page 37.

Il n'en est pas ainsi du son **oi** (*roi*, *loi*, etc.). Ce son est encore un son composé; mais au lieu d'avoir retenu la prononciation des deux lettres qui le représentent : **o i**, il se prononce comme s'il était écrit **o a** (ou **ou a**); cette exception a motivé un mouvement spécial.

Le son **oi** est l'*onomatopée*, c'est-à-dire l'imitation approximative de l'aboiement du chien. Le geste rappelant l'idée du chien, consiste à faire mouvoir les doigts de manière à simuler le mouvement des pattes de devant de l'animal qui court en aboyant.

ARTICULATIONS SIMPLES.
Signes équivalents, page 38.

Les signes équivalents k, q, qu, répondant à l'articulation c (c dur), sont une difficulté inhérente à la lecture, mais n'ajoutent rien au procédé phonomimique. Ces quatre signes c (dur), k, q, qu, se représentent par le même mouvement. De même que gu se prononçant comme g dur se représente comme lui.

LETTRE PRINCIPALEMENT ORTHOGRAPHIQUE.
H nul (comme prononciation), page 39.

L'emploi de la lettre h dans la langue française est de séparer certaines syllabes qui s'*élideraient*, et de faire *hiatus*, c'est-à-dire prononciation séparée. Exemple : le *hameau*, la *haie;* sans l'h, on devrait dire l'*ameau*, l'*aie*. Tel est le rôle de l'h nommé h aspiré. Dans la déclamation, l'h dit aspiré représente en effet une aspiration, c'est-à-dire un effort explosif de la voix ; *la honte*. Dans le langage ordinaire, cette aspiration est peu sensible, ou même absolument négligée. L'h est encore employé pour former les groupes ch, ph, etc. Hors de là l'instituteur devra se contenter de faire considérer l'h comme une lettre nulle dans la prononciation ; il lui fera donner ce nom, se réservant pour plus tard de faire comprendre la distinction de l'h muet et l'h aspiré. Cette lettre étant considérée comme nulle, n'est représentée par aucun mouvement.

ARTICULATIONS SIMPLES.

Représentées par deux lettres, page 40.

Le **ch** et le **gn** sont deux articulations simples, quoique représentées par deux lettres; il faut donc, pour chacune d'elles, un geste spécial.

Ch, articulation *forte* (palatale sifflante), est le bruit léger que laissent passer la langue et le palais quand on impose silence. Le geste qui accompagne naturellement cette articulation consiste à poser l'index sur les lèvres.

Gn (articulation palato-nasale) rappelle la plainte d'un enfant grognon, *rechigné*, suivant une vieille expression française très imitative. Cette articulation se représente en portant le doigt au coin de l'œil pour indiquer les pleurs.

ALPHABET DES MAJUSCULES.

Méthode de lecture, page 41.

La série des exercices de la *méthode* amène ici les *majuscules*. Il est temps de les faire connaître à l'enfant. On peut employer le procédé phonomimique comme pour les caractères précédents.

SONS SIMPLES.

Représentés par plusieurs lettres, pages 43 et 44.

Les signes **em** et **en**, équivalents à **an**, se représentent de la même manière. **Aim, ain, ein**, se prononçant **in,** se représentent par le même mouvement que **in.**

ARTICULATIONS SIMPLES.

Signes équivalents, page 45.

Les signes équivalents **ph** (fe) et **ç** (se) se traduisent par les mêmes mouvements que **f** et **s.**

SON SIMPLE.

Représenté par plusieurs lettres, page 46

Le son *mouillé* que nous écrivons en français de deux manières différentes : par **ill** (paille) et par **y** (payen), se prononce : **ye** (yeu), sans faire décomposer. Cette observation s'étend à tous les autres groupes de lettres exprimant un son ou une articulation unique. Les mots : *fille, taille, rouille, veille,* doivent donc se représenter comme :

Fi-ye, ta-ye, rou-ye, vé-ye.

Le son **ye** est l'onomatopée des pleurs d'un enfant. Le geste consiste à montrer le coin de la bouche comme pour le *rire,* seulement, le rire relève le coin des lèvres, et les pleurs l'abaissent : le doigt sera donc posé de manière à indiquer cette différence, ainsi qu'on le voit sur le dessin.

ARTICULATION SIMPLE.

Signes équivalents, page 47.

Quand l'**s** prend le son de **z,** représentez-le par le mouvement correspondant à l'articulation.

SON SIMPLE.
Représenté par deux lettres, page 49.

Er et ez se prononçant é à la fin des mots, offrent une difficulté de lecture. Faites analyser de la manière suivante : *aimer*, é m é, sans faire mention de l'r ou du z. L'e se prononçant é ou è, dans ces cas sera représenté par le même mouvement que é ou è.

ACCENTS CIRCONFLEXES.
Page 50.

Les accents circonflexes ne changent rien aux mouvements. L'ê se représente comme l'è. Les autres longues â î ô û, etc., se représentent comme a i o u ; seulement le geste doit être exécuté plus lentement.

SONS COMPOSÉS.
Représentés par plusieurs lettres, pages 60 et 61.

Feuilletons quelques pages de notre méthode de lecture, et passant les exercices de phrases, examinons les dernières complications orthographiques. Les sons composés iau, ion se représentent par deux mouvements : i-o, i-on, etc. Ces deux mouvements doivent être exécutés rapidement et n'en faire pour ainsi dire qu'un seul. Pour le son composé oin, la main, après avoir pris la position indiquant o, s'abaissera, sans intervalle sensible, pour représenter le son in.

LETTRES REDOUBLÉES.
Sans influence sur la voyelle qui précède, page 62.

Les lettres redoublées n'offrent pas de difficulté. Remarquons cependant qu'il ne faut pas diviser ainsi *flam-me* (ce qui ferait *flan-me*), mais bien *fla-mme*.

Ne faisant entendre qu'une seule articulation **m**, vous ne devez représenter cette articulation que par un seul mouvement.

Homme est encore un mot que notre orthographe complique, et que le langage phonomimique réduit à ses éléments les plus simples; représentez-le comme s'il était écrit : **o m**.

De même pour l'**n** redoublé dans les mots tels que *donné*, qu'on représente comme s'il y avait *do-nné*.

T SE PRONONÇANT S.
Page 65.

Lorsque le **t** prend la valeur de l'**s** il se représente par le même mouvement que l'**s**.

SIGNES ORTHOGRAPHIQUES.
Le tréma, page 67.

Le tréma servant à séparer la prononciation de certaines lettres, cette séparation se traduit par le geste de la même manière. Exemple : **Sa-ül** et non **sòl**, etc., **ai-gu-ë** et non **ai-gue**, etc.

LETTRES ACCOLÉES.
Page 68.

L'œ se représente comme l'e simple.

SON DOUBLE.
Représenté par une seule lettre, page 68.

L'y employé pour deux i se représente ainsi : *pai-is* pour *pays*, *noi-ier* pour *noyer*.

SON SIMPLE.
Représenté par trois lettres, page 68.

Pour le groupe de lettres o a u, prononcez ô, et employez le mouvement de l'o.

Nous en avons maintenant fini avec le détail des mouvements, de leur signification, de leur correspondance avec l'écriture. Nos lecteurs devront nous pardonner cette prolixité, en songeant combien il est difficile d'indiquer par écrit ces mouvements, si rapidement appris lorsqu'on les voit exécuter. Si l'étude du procédé exige quelques efforts, on trouve bientôt une ample compensation à sa peine dans la facilité avec laquelle on enseigne la lecture, autrement si pénible. C'est ici le lieu de se rappeler un mot très juste : le temps qu'on passe à se créer un bon instrument est du temps gagné, et non perdu.

Terminons en disant que :

1° Toute lettre nulle à la prononciation n'est figurée par aucun mouvement.

2° Tout groupe de lettres représentant un seul son, est figuré par un seul mouvement (**ou, on**).

3° Tout groupe de lettres représentant plusieurs sons ou plusieurs articulations, se représente par la succession des mouvements qui expriment chacun des sons ou des articulations pris isolément.

4° Tous les groupes de lettres équivalents dans la prononciation, se représentent par le même signe (**dent, dans, pen-dant**).

Nous donnons ci-joint le tableau complet des mouvements phonomimiques, et des sons et articulations que ces mouvements représentent.

TABLEAU PHONOMIMIQUE DES SONS ET ARTICULATIONS
Avec les différents groupes orthographiques qui peuvent les représenter
SONS, VOYELLES ET DEMI-VOYELLES, ETC.

a	e	i	o	u	é è	ou	an	on	in	un	oi	ill
à â	eu œu	î y	ô au eau	û ù	ai ey è ê	où oû	am en em ean aon	om eon	im ym yn ain aim ein en-ein ein	um eun	oî oê oy oia oué	il ill li ïl yeu ïe y
l'admi-ration.	la fa-tigue.	le rire.	l'hor-reur.	le cocher.	l'ap-pel.	le loup.	le char-pentier.	le sourd.	le boulan-ger.	le doute.	le chien.	les pleurs.

ARTICULATIONS.

p	b	t	d	f	v	s	z	c dur	g	r	l	n	m	j	ch	gn	x
»	»	(th)	»	ph	»	ç c t sc	s	k q qu ch	gu	(rh)	»	»	»	g ge	ch sch	»	xx cc cs kz sz
la plume.	le bœuf.	le balan-cier.	le vol.	le ser-pent.	le zé-phyr.	le coq.	le tran-quille.	la roue.	l'eau qui coule.	le na-vire.	la vache.	le jet d'eau.	le chien silen-ce.	l'enf-gnon.	l'exci-ta-tion.
le berce-ment.	le chat fâche.																

CHAPITRE II.

PETITES LECTURES MORALES.

Ces petites lectures sont destinées à faire suite à la méthode, et à servir de transition entre l'apprentissage de la lecture proprement dit, et la lecture courante des autres petits livres de la même année. Il est bon d'offrir tout d'abord aux enfants un sujet de lecture agréable et facile, plutôt que de leur présenter dès le début un livre *classique*, fût-il même écrit spécialement pour leur âge. Il y aurait d'ailleurs, à ce moment, inconvénient à partager l'attention entre l'objet spécial du livre d'étude et l'exercice de la lecture elle-même. Plus tard, cet inconvénient disparaîtra.

D'ailleurs, pour encourager l'enfant à l'étude de la lecture, ne leur avons-nous pas promis le plaisir de lire de *petites histoires?* Il importe qu'ils ne soient pas déçus. Nous profiterons de cette occasion pour cultiver en eux le sens moral, et en même temps pour leur insinuer le goût de la lecture.

Il est certain que les *récits* font sur les enfants une impression profonde, et laissent plus de traces qu'on ne le croirait. Que chacun de nous fasse appel à sa mémoire, il retrouvera dans son passé la lointaine souvenance de quelque vieux récit qui a frappé son imagination d'enfant. Au point de vue moral, une historiette, une anecdote racontée comme en passant, et sans qu'on ait paru y attacher d'importance, a toujours une influence salutaire. Il faut donc que l'instituteur choisisse avec grand soin les récits qu'il fera à ses élèves; ceux que nous lui offrons ont le mérite d'avoir été soumis à un rigoureux examen.

Dès que les enfants auront achevé la méthode, et sans attendre qu'ils lisent rapidement, l'instituteur leur mettra entre les mains les *Petites lectures*. Il n'est pas nécessaire que les élèves lisent l'*histoire* tout entière, quelque courte qu'elle soit. Qu'ils en déchiffrent les premières lignes; et avant que la fatigue se manifeste, que le maître suspende la lecture, qu'il relise lentement les lignes déchiffrées par les élèves, afin de les leur faire bien comprendre; puis qu'il achève le récit, et en fasse le commentaire. L'instituteur doit surtout s'attacher à faire comprendre le sens moral de l'historiette; à compléter par des détails le tableau qui a dû se former dans l'esprit des enfants, et à le rectifier si leur imagination l'avait mal saisi ou faussé en quelque point.

Nous donnons plus loin des exemples de ce procédé, dont le but est de cultiver et de diriger l'imagination singulièrement active que les enfants ont en partage, et qui n'est ni la moindre de leurs grâces, ni la moins utile des facultés que l'éducation a pour mission de développer. Ne craignez pas, à ce moment, de laisser flotter les rênes; laissez les enfants exprimer naïvement leurs pensées, et vous adresser des questions; provoquez-les s'il le faut. Qu'ils apprennent à faire usage de leur initiative; si l'enfant est parfois si gauche, si timide, si *malheureux* vers dix ou douze ans, c'est parce qu'il n'a pas appris à exprimer sa propre pensée. Faites-lui dépouiller cette fausse honte qui le retient, qui le rend embarrassé, craintif et silencieux devant vous. Qu'il exprime ses idées telles qu'elles sont. Ce qui peut arriver de plus heureux, c'est que celles qui sont fausses ou incomplètes viennent ainsi s'offrir à votre rectification indulgente. La petite historiette deviendra ainsi le point de départ d'une courte leçon orale.

Pour épargner à l'instituteur la peine de faire des recherches, nous réunissons sous forme de petits *commentaires* des indications succinctes et des plans de leçons orales. Nos lecteurs remarqueront le double emploi que présentent quelques sujets : c'est que certaines idées peuvent être envisagées à des points de vue très éloignés en apparence les uns des autres. Nous en soumettons le choix aux maîtres et maîtresses.

Sujets de leçons de choses relatives aux petites lectures.

HISTOIRE D'UN AGNEAU.

Dangers de la désobéissance. Instinct maternel chez l'animal.

Inexpérience des jeunes animaux, comparée à celle des jeunes enfants. Pourquoi il ne faut pas se soustraire à la protection maternelle, à l'obéissance filiale.

LA BONBONNIÈRE.

La punition est d'ordinaire dans les conséquences mêmes de la faute. — Indiscrétion, son inconvenance et ses dangers.

PAR OÙ COMMENCE UN AVARE.

Nous avons tous besoin les uns des autres; avantages du secours mutuel, de la complaisance. — Laideur et ridicule de l'avarice chez l'enfant. — Chez l'homme. — L'avare, en rendant ce qu'il possède inutile à tous, cause à la société un dommage réel.

LE PETIT IMPRUDENT.

Ce que c'est qu'une rivière. — Un pont; offrez-en un exemple en construisant un pont avec les *cubes* ou d'autres matériaux qui se trouveront sous votre main.

Dangers de s'approcher de l'eau.

Ridicule de l'obstination. Ses dangers.

L'enfant doit éviter le péril non-seulement pour le péril même, mais encore par crainte de causer de l'effroi ou de la douleur à ses parents. — Déférence pour les conseils d'une personne expérimentée : l'enfant doit croire ceux qui savent, parce qu'il ne sait pas.

LA PETITE GRANDE DAME.

Ridicule de la vanité. On n'a point à se vanter d'un

avantage qui n'est point un mérite. Le devoir accompli, au contraire, peut inspirer une légitime fierté. Mais cette fierté de la conscience satisfaite n'a rien de commun avec la vanité, le dédain, la pédanterie, ainsi que l'historiette suivante est destinée à le montrer.

LA JEUNE PÉDANTE.

Il est ridicule de parler trop, et surtout de parler trop de soi.

LE BERGER MENTEUR.

Leçon orale sur les troupeaux et les pâturages. La tâche du berger : garde et soin des troupeaux. Histoire des moutons : laine, vêtements. — Le chien de berger : sa docilité, sa vigilance.

Le loup : sa demeure, la forêt.

Courage du chien défendant le troupeau.

L'estime et la confiance de nos semblables sont la récompense naturelle de notre droiture. Tromper pour plaisanter est une habitude mauvaise pour nous-mêmes.

LA PROPRETÉ.

Tableau riant de la propreté et du bon ordre. — Inconvénients de la malpropreté. Elle nuit à la santé. Elle gâte les vêtements. Elle inspire le dégoût.

HISTOIRE D'UN PETIT GOURMAND.

L'égoïsme. Celui qui n'économise point son argent se prive du plaisir de rendre service. — Les petits

indigents ; leur misère ; devoir de leur venir en aide.
— On ne peut être véritablement bienfaisant qu'en épargnant sur sa propre consommation.

La gourmandise est un défaut honteux. Manger est nécessaire pour vivre. Trop manger est nuisible à la santé.

LA COLÈRE.

La colère est une faiblesse et une laideur. On a tort de se mettre en colère, même et *surtout* quand on est dans son droit.

LA VIEILLE URSULE.

Rigueurs de l'hiver : le froid, la neige, le vent, la pluie ; nécessité de se bien vêtir et de faire du feu pour se garantir du froid.

Le feu (voir le développement de cette leçon de choses dans la première partie du *Manuel*, page 86).

Bonheur d'être utile et de faire le bien. Respect, égards, protection, assistance aux vieillards et aux êtres faibles ou infirmes.

LE TRAVAIL ET LE PLAISIR.

La leçon porte en elle-même sa morale très évidente. On peut ajouter encore quelques mots dans le même sens, sans toutefois trop insister.

DENISE ET SON CHIEN.

Les animaux ont plus ou moins l'instinct de la fidélité et de la reconnaissance. On peut citer aux enfants quelques exemples des animaux les plus sauvages

adoucis par les bienfaits, et amenés à la domesticité.
— Instinct du chien en particulier, son dévouement.
Les chiens du port de Londres. Ces animaux dressés
par un chef de file, chien de la plus belle race et
doué d'un instinct extraordinaire de dévouement, ont
sauvé dans le port de Londres la vie à un grand nombre de personnes. Le chef de file, sans cesse en sentinelle, a sauvé à lui seul plus de dix hommes. (On
dit qu'une *pension* lui a été faite par le gouvernement
anglais.)

Les chiens de l'hospice du mont Saint-Bernard. Ces
chiens, dressés par les moines du mont Saint-Bernard, vont à la découverte des voyageurs égarés dans
la montagne, ou engourdis dans la neige. Ils portent
à leur cou un panier contenant des aliments et des
liqueurs réconfortantes, et ils guident les moines dans
leur recherche. Un très grand nombre de voyageurs,
dans ces défilés dangereux, ont dû la vie aux chiens
du mont Saint-Bernard; plusieurs d'entre eux, déjà
ensevelis sous la neige, ont été retrouvés grâce à cette
vaillante race d'animaux qui possèdent un odorat
extrêmement délicat. — Attachement et dévouement
du chien d'aveugle.

SEMER ET RÉCOLTER.

Le blé. Vous présenterez un morceau de pain : nourriture de l'homme. — La farine. — Le grain. — La
plante. — Épi. — Chaume. — Labour et semaille. —
Charrue, son attelage. — La bêche. — Rien ne se fait
sans travail.

Apprendre aux enfants à ne pas juger trop vite. Leur inspirer de la déférence et de la confiance envers leurs parents, et en général envers les personnes âgées et expérimentées.

L'ENFANT PERDU DANS LA FORÊT.

Une leçon orale sur la forêt. Les grands arbres, leur usage. Le bois, les bûcherons, les sabotiers; le cercle, la latte, la planche, le charbon.

Les petits sentiers, les clairières, les taillis.

Les animaux sauvages : le loup, le sanglier, le renard. Les bêtes fauves : le cerf, le chevreuil.

L'indocilité d'un enfant peut le conduire aux plus grands périls.

LA JALOUSIE.

Développer les sentiments de justice et de bienveillance qui peuvent faire contre-poids au dangereux penchant à la jalousie.

LES DÉNICHEURS D'OISEAUX.

Les oiseaux sont utiles. Les petits oiseaux en particulier rendent de très grands services, ils détruisent les insectes qui dévorent nos récoltes. Ce qu'une seule hirondelle détruit de vers, de moucherons, ou de chenilles en un jour, est incroyable. On cite un fait très remarquable à ce sujet. Au siècle dernier, le roi de Prusse croyant, comme beaucoup d'autres gens, que les oiseaux sont nuisibles à l'agriculture, et particulièrement aux cerises qu'il aimait beaucoup, avait ordonné la destruction des moineaux, hirondelles, enfin de tous les passereaux. L'acharnement contre ces pauvres petites bêtes eut un succès complet : les oiseaux disparurent ; mais alors les récoltes, et même les cerises, furent détériorées d'une façon tellement grave par les insectes, dont la multiplication rapide n'avait plus été entravée, que le roi finit par prendre l'alarme, et, revenant sur son ordonnance, favorisa et récompensa par des primes la réintroduction des oiseaux dans le pays.

Raconter comment s'y prennent les dénicheurs d'aigles, d'eiders ; motifs de ces sortes d'entreprises, leur danger.

Apprendre aux enfants que certains oiseaux de proie, malgré leur aspect repoussant et la répugnance qu'inspire leur rapacité, sont protégés par les lois et par les usages en plusieurs pays, notamment en Amérique, à cause du service qu'ils rendent en faisant disparaître avec rapidité les cadavres d'animaux dont la putréfaction corromprait l'air, dans ces pays chauds où la fermentation est très-prompte.

Respectons la joie, le bonheur de tout ce qui vit, et en particulier la joie expansive de l'oiseau, « l'âme chantante de la nature. » Craignons d'infliger des souffrances inutiles à tous les êtres, quelque inférieurs qu'ils soient par rapport à nous.

FLEURS ET PAPILLONS.

Beautés de la campagne ; son influence bienfaisante : champs et prairies.

Les fleurs, leur utilité. — Le bouton, la floraison, la graine, le fruit. — Chaque chose doit être appréciée suivant sa nature spéciale ; les fleurs doivent nous charmer par leurs couleurs et leurs parfums ; il faut les laisser sur leurs tiges. Les fruits propres à notre nourriture doivent être cueillis seulement à leur maturité. — Respecter les êtres et les choses.

Les papillons. La chenille. La chrysalide. — Le cocon et la soie. Le ver à soie.

LA PREMIÈRE PRIÈRE DU PETIT ENFANT.

L'enseignement à déduire de ce récit est suffisamment indiqué : c'est l'éclosion, provoquée d'une manière concrète, du sentiment religieux le plus élevé et le plus fécond.

CHAPITRE III

PREMIÈRES NOTIONS DE GRAMMAIRE.

Nous ne croyons pas encourir le reproche de précipitation en faisant commencer l'étude de la grammaire dès la première année du cours. Nous nous sommes bornés à quelques notions si simples, si élémentaires, qu'il n'est pas à craindre qu'elles excèdent la portée des enfants. Ceux-ci, à l'approche de leur sixième ou septième année, sont parfaitement capables d'apprendre à distinguer les trois parties fondamentales de la proposition : le nom (ou sujet), l'adjectif attributif, et le verbe.

Il est temps de commencer à analyser un peu le langage; à se rendre compte des mots qu'on emploie. L'enseignement de la langue maternelle est si capital qu'on ne saurait le commencer de trop bonne heure, et la seule crainte qui pourrait retenir serait de fatiguer l'attention des enfants ou de surcharger leur mémoire. C'est pour ce motif que nous nous sommes arrêtés à des notions si élémentaires, remettant à l'année suivante à établir la distinction entre les autres parties du discours, à faire connaître les premières et les plus simples règles de leur emploi. Il n'est pas à craindre que l'enseignement ainsi restreint, et donné dans la forme que nous indiquons, soit fatigant; il dépend surtout de l'instituteur qu'il soit profitable.

Le texte de nos petites leçons ne doit pas être appris par cœur : ce n'est pas, comme on le pense bien, un exercice de *mémoire de mots* que nous avons voulu offrir aux enfants, mais un exercice d'intelligence et de discernement.

I. Les mots.

Faites comprendre à l'enfant que les *mots* PARLÉS, qui constituent la parole, sont composés de *sons articulés;* et que les mots ÉCRITS sont formés de *lettres* qui représentent les *sons* et les *articulations* des mots *parlés.*

Citez-lui, et faites-lui citer des *mots* empruntés à son langage habituel. Écrivez ces mots au tableau, et montrez comment les *lettres* répondent aux sons et aux articulations : faites comprendre qu'en écrivant les mots il y a des règles à observer pour le choix des lettres.

Avec un seul mot on peut exprimer une pensée ou un sentiment; citez des exemples : *oui, non, viens, prends, cours,* etc.; mais le plus souvent on doit, pour exprimer les idées, former des *groupes de mots* qu'on nomme *phrases.* Faites comprendre à l'enfant que pour grouper ces mots il y a encore des règles à observer, et que l'ensemble de toutes ces règles constitue la *grammaire*.

II. La langue.

Distinguez la langue, organe de la parole, de la langue parlée ou langage. Dites qu'on appelle ainsi la parole parce que c'est principalement avec la langue qu'on parle.

Faites en sorte que l'enfant comprenne qu'il y a d'autres langues que sa langue maternelle, et que les mots de ces langues qu'il ne comprend pas sont compris par les habitants des pays où ces langues sont parlées.

III. Le nom.

Expliquez l'usage et l'utilité du *nom*. Pour cela, présentez à vos élèves un objet dont le nom leur soit totalement inconnu. Quand cet objet aura suffisamment frappé leurs yeux, vous leur demanderez : « Comment cela se nomme-t-il? » après la réponse toute naturelle : « Je ne sais pas, » vous leur dites : « Cet objet dont vous ne savez pas le nom, comment feriez-vous pour le désigner, pour le demander? »

Si un enfant désigne du geste, vous dites : « Mais si cet objet était dans une autre chambre vous ne pourriez pas me le montrer du doigt, comment feriez-vous? »

Quand l'enfant sera pénétré de cette idée, vous lui

direz le nom de l'objet et vous ajouterez : « Maintenant que vous savez son nom, vous pouvez me dire : donnez-moi telle chose » (et vous nommez encore l'objet).

Faites composer aux petits élèves quelques phrases simples, et faites-leur remarquer les *noms* qui se trouvent dans ces phrases.

IV. Le nom commun et le nom propre.

Faites citer des noms communs et des noms propres, afin de rendre cette distinction familière aux enfants.

V. L'article.

Nous nous bornons ici à indiquer l'usage empirique de l'*article* pour désigner le genre et le nombre : sa fonction de *détermination* sera enseignée quand l'enfant sera en âge de la comprendre.

Faites distinguer l'*article* en le présentant d'abord avec un *nom* isolé. Exemple : *la* forêt, *le* cerf, *les* villes, puis dans une phrase simple telle que celle-ci : *les* moutons paissent dans *la* prairie.

Faites désigner à l'enfant les articles qui marquent le *singulier*; celui qui sert à indiquer le *pluriel*.

L'article élidé et l'article contracté étant moins faciles à reconnaître, nous croyons pouvoir les ajourner sans inconvénient.

Le point de vue restreint sous lequel nous avons dû considérer l'article, explique suffisamment pourquoi nous l'avons fait précéder de la distinction du nombre et du genre. Nous présentons provisoirement le nombre comme une manière d'être du nom (unité ou pluralité), désignée par l'article. Quant au genre, il est impossible d'en donner à l'enfant une explication rigoureuse; il vaut mieux se borner à en faire une distinction purement grammaticale.

VI. Le singulier et le pluriel.

Faites citer des mots qui soient au *singulier*.

« A quoi reconnaissez-vous que ces mots sont au *singulier?* »

Faites citer des mots au *pluriel*.

« A quoi reconnaissez-vous que ces mots sont au *pluriel?* »

Composez quelques phrases : les enfants désigneront eux-mêmes le singulier et le pluriel dans les noms.

Faites composer quelques phrases contenant un nom au singulier ou au pluriel. Il faudra d'abord les suggérer aux élèves. Quand ils auront acquis de l'assurance et de l'initiative, ils répondront d'eux-mêmes. Si la phrase qu'ils forment contient une idée fausse, vous la redresserez et la remplacerez par une phrase analogue mais correcte.

VII. Le masculin et le féminin.

Citez des noms pour faire distinguer le genre au moyen de l'article. Faites citer des noms par les enfants et qu'ils en désignent le genre. Faites sentir le genre d'un nom en le prononçant accompagné de l'article qui ne lui appartient pas, comme : *le* brebis? *la* mouton? La connaissance du genre des noms s'acquiert surtout par l'habitude.

VIII. L'adjectif.

Faites bien comprendre que le mot *qualité*, dans son acception grammaticale, ne veut pas dire exclusivement *avantage, perfection ;* qu'il veut dire *manière d'être.*

Désignez, puis faites désigner des adjectifs, en faisant juger si la *qualité* exprimée est bonne ou mauvaise.

Faites vous-même d'abord, puis faites faire quelques phrases simples, composées d'un nom avec un article, du verbe *être* et d'un adjectif. Faites corriger la phrase qui offrirait une construction ou une idée fausse, en rattachant à un objet une qualité qui ne saurait lui convenir. Expliquez comment et pourquoi cette qualité ne peut être attribuée au sujet.

IX. Le verbe.

Il faut éviter de compliquer la notion du *verbe* en donnant pour exemples des verbes autres que les verbes dits *actifs* ou *neutres.*

Faites comprendre à l'enfant comment le verbe désigne l'action. Faites désigner des verbes dans des phrases proposées par vous, après l'exercice indiqué dans le livre. Faites comprendre que le verbe, bien qu'exprimant l'action, peut avoir pour sujet un objet inanimé ; et citez des exemples comme ceux-ci :

« La petite fille tourne, la roue tourne : la roue « tourne comme la petite fille, elle fait comme faisait « la petite fille, elle fait donc quelque chose. »

Faites ensuite prendre aux élèves l'habitude de joindre un verbe à son sujet ; pour cela faites-leur former des petites phrases de deux mots : le sujet et un verbe. Vous donnez le sujet, en insinuant le verbe qui convient à ce sujet.

D. Le chien.... que fait-il le chien ?
R. Il court, *ou* il aboie.
D. Que fait le chat ?... — L'agneau ?... etc.
en disant que ce qu'on doit chercher est justement le *verbe*.

Comme ces exercices donnent occasion de rappeler les choses déjà apprises, vous ferez désigner encore les noms, les adjectifs, le genre et le nombre, comme aux précédentes leçons.

Récapitulation.

Prenez encore des phrases de quatre ou cinq mots, et faites désigner les verbes, les noms, etc.

Assurez-vous si ces petites notions sont bien comprises par les enfants.

Nous avons divisé les notions de grammaire en paragraphes (de longueur inégale il est vrai) ; cela ne veut pas dire qu'il faille en faire apprendre un chaque jour, pour avoir fini en deux semaines. Le paragraphe, présenté et commenté, sera repris, et résumé plusieurs fois à peu de jours d'intervalle ; des exercices variés en feront généraliser l'application, et quand les notions qu'il contient seront devenues tellement familières aux enfants qu'ils puissent les appliquer sans aucun effort, vous passerez au paragraphe suivant.

A partir du moment où vous aurez commencé l'enseignement de ces premières notions de grammaire, il convient de donner aux enfants au moins trois leçons par semaine sur ce sujet. Les leçons ne doivent pas durer plus d'un quart d'heure.

ÉTYMOLOGIE

DES TERMES DE GRAMMAIRE EMPLOYÉS CETTE ANNÉE.

Grammaire (du grec par le latin) littéralement *science des lettres. Gramma,* en grec, signifie lettre ou *caractère.*

Nom (du latin *nomen*), ce qui indique.

Article (du latin *articulus*), petit membre, petit fragment.

Singulier (du latin *singularis*, un seul).

Pluriel (du latin *plures*, plusieurs).

Masculin (du latin *masculus*, mâle).

Féminin (du latin *fœmina*, femelle).

Adjectif (du latin *adjectivus*, ce qui ajoute).

Verbe (du latin *verbum, parole*). Le verbe est le mot par excellence.

CHAPITRE IV.

DE L'ÉCRITURE.

Nous avons cru devoir ajourner l'enseignement régulier de l'écriture. C'est assez sans doute, pour un âge si tendre, d'avoir à acquérir l'instrument important de la lecture. D'ailleurs la position de l'enfant placé trop jeune devant une table à écrire est une condition fâcheuse au point de vue de son développement physique. Mais il est un exercice préparatoire qui, sans fatiguer les enfants, a pour résultat de faciliter le travail de l'année suivante. Il consiste à donner aux élèves les premiers traits de la forme des lettres, en les leur faisant imiter sur l'ardoise, à l'aide du crayon ou de la craie. Ceci ne doit pas leur être présenté comme une tâche, mais bien plutôt comme un exercice propre à faire diversion aux études plus sérieuses; comme une sorte de dessin naïf destiné à délier leurs petits doigts, et à habituer leurs yeux aux détails de la forme.

Les caractères qu'on leur donnera pour modèles devront être d'une certaine dimension, afin d'être bien vus de la classe entière.

Aussitôt que l'enfant pourra former quelques lettres, vous lui donnerez de petits mots, tels que *ami*, *mère*, etc., où déjà vous pourrez lui montrer la juxtaposition des lettres, et les liaisons élémentaires qu'elle entraîne. Mais n'allons par trop vite dans cette voie : la limite à laquelle il convient de s'arrêter pour cette année sera indiquée par le mouvement spontané de l'enfant. Plus tard, ces exercices préparatoires seront repris et développés avec régularité ; mais songeons bien qu'avec le premier âge *savoir graduer* est un point capital.

Voici le caractère et l'ordre de formation que nous avons choisis pour ces premiers exercices au tableau et sur l'ardoise :

Première série.

(1) *i* *u* *n* *m*

Deuxième série.

r *t* *p*

DE L'ÉCRITURE.

Troisième série.

j y f l h k

Quatrième série.

c e a d q

Cinquième série.

b g o x

Sixième série.

s v z

Aussitôt que l'enfant aura compris la manière de tracer ces quatre lettres

i u n m

et sans attendre que par des exercices répétés et fastidieux il ait appris à les former régulièrement, faites-lui écrire tous les mots que peut fournir leur combinaison.

Voyez à ce sujet les observations détaillées plus haut : *Enseignement de la lecture. — Syllabation.* Ces observations s'appliquent à tous les mots destinés à servir d'exercices d'écriture; elles ont ici une importance plus grande encore qu'à l'occasion de la lecture.

Exemples de mots formés par la combinaison des quatre lettres *i, u, n, m :*

Un, nu, uni, mimi, muni, etc.

Ne laissez pas l'enfant s'attarder sur les mots composés à l'aide de ces quatres lettres ; quand son tracé sur l'ardoise sera suffisamment reconnaissable, enseignez-lui les lettres formées de courbes de la 4ᵉ série, afin de lui fournir promptement des moyens de combinaisons nouvelles et plus variées :

c e a d q

Les deux ou trois premières lettres de cette série, jointes aux quatre précédemment connues, fournissent un nombre de mots déjà considérable :

Maman, ami, cime, mine, canne, dame, demi, midi, etc., etc.

Enseignez alors les séries suivantes. Ne vous montrez pas difficiles. Encouragez! Que les enfants soient heureux de leurs essais. Ayez l'air non pas de les presser, mais de *vouloir bien*, de céder à leur empressement. S'il y avait seulement l'apparence de la contrainte, les enfants prendraient en dégoût l'étude qui doit les occuper une bonne partie de la prochaine année ; ce serait une chose fâcheuse.

CHAPITRE V.

PREMIÈRES NOTIONS D'ARITHMÉTIQUE.

Les exercices de numération parlée doivent commencer avec l'année scolaire. Les chiffres seront enseignés aux enfants lorsque les lettres leur seront devenues familières, afin d'éviter la confusion.

I. Définition.

Il est dans les habitudes classiques de commencer le livre élémentaire d'une science quelconque par une définition de cette science et de son objet. Cette manière de procéder est admissible avec les élèves de l'enseignement supérieur; mais elle ne l'est pas dans l'enseignement primaire. Là, le moindre de ses inconvénients est de définir *l'inconnu* par *l'inconnu*. C'est ce qui arrive quand on définit l'arithmétique : *la science des nombres*, avant d'avoir expliqué ce qu'est le nombre.

Si nous nous sommes conformés à l'usage classique dans notre petit livre de l'élève, c'est que ce livre doit servir moins à initier l'enfant aux premières connaissances, qu'à les résumer lorsqu'elles ont été données clairement dans l'enseignement oral : elles sont donc déjà connues de l'enfant lorsque celui-ci prend le livre; et l'inconvénient dont nous parlons n'existe plus.

II. L'unité et le nombre

L'enfant possède naturellement, quoique d'une manière vague, la notion d'*unité* et de *nombre;* il connaît même déjà sans doute les noms des premiers nombres. Faisons donc appel à sa réflexion pour préciser cette notion et nous en faire une base.

Quand nous considérons *un* objet isolé, cet objet est pour nous une *unité*. Montrons à l'enfant des objets divers, séparément, un à un; faisons-lui comprendre que chaque objet, quel qu'il soit, représente par lui-même l'*unité* de ce genre d'objets.

Si nous formons un groupe d'objets *de même nature*, chacun de ces objets considéré à part est encore une unité; mais la collection de tous ces objets, de toutes ces unités, forme un *nombre*.

Remarquons d'abord que cette expression : *objets de même nature*, ne doit pas être prise dans un sens absolu. Quand il s'agit de grouper ensemble plusieurs objets afin de les réunir sous une même dénomination numérique, il n'est pas nécessaire que ces objets soient complètement semblables; il suffit qu'ils aient *quel-*

que chose de commun, qui permette de les rapprocher à un certain point de vue, et de donner à leur totalité une dénomination qui puisse convenir à chacun pris séparément. Ainsi, nous ne pouvons supputer ensemble une chose non matérielle comme une *idée*, et une chose matérielle comme une *pierre*, parce que ces deux choses n'ont rien de commun; mais nous pouvons compter ensemble *un mouton* et *deux bœufs*, parce que ces deux sortes d'êtres ont quelque chose de commun qui nous permet de les réunir sous une même dénomination. Nous disons : cela fait 3 animaux, ou 3 têtes de bétail.

Enfin, quand nous comptons ensemble des choses matérielles qui paraissent n'avoir rien de semblable, nous trouvons encore la possibilité de les réunir sous une dénomination plus générale, plus vague, exprimant que ces choses ont en commun l'existence matérielle et palpable. Nous disons par exemple, après les avoir énumérés : cela fait 10 objets; ce mot *objet* signifiant simplement chose observable.

L'enfant n'est pas en âge de concevoir par lui-même cette idée de similitude qu'entraîne la notion du nombre ; mais son instinct du moins la lui fait pressentir. Venons en aide à cet instinct, prenons garde surtout que rien dans nos procédés ne le déconcerte. Choisissons donc toujours, pour représenter les nombres, des objets dont le rapprochement puisse s'établir sans difficulté.

Pour faire comprendre le nombre à l'enfant, nous devons le lui présenter sous une forme concrète, sous forme d'objets que nous lui ferons successivement compter à l'aide des yeux et des mains, ajouter, retrancher, grouper de différentes manières. Nous l'amènerons ainsi peu à peu à la notion abstraite du nombre et des opérations du calcul.

On doit d'abord apprendre à l'enfant le nom des nombres jusqu'à 9. Les exercices seront faits de manière à instruire à la fois l'œil et l'oreille. Dans les salles d'asile et dans les petites classes on fait chanter les nombres sur un rhythme facile à retenir, en groupant au fur et à mesure devant les enfants, des boules qui représentent des *unités*. Ce procédé est fort utile, et nous en recommandons volontiers l'emploi, à condition pourtant qu'on n'en fasse pas un usage exclusif, et qu'on apprenne à compter aussi sans le secours du chant. Car c'est un fait d'expérience que, lorsque les enfants ont appris des paroles quelconques à l'aide du chant exclusivement, ils ne savent plus les dire autrement.

L'instrument employé au début dans les Salles d'Asile françaises pour l'enseignement de la numération est le *boulier-compteur*, imité de l'*abaque* des Grecs. On en a imaginé un plus en rapport avec la numération décimale qui n'existait pas dans l'antiquité. L'ancien boulier, comme l'abaque, offre à l'enfant des boules enfilées par des tiges horizontales, et ne peut servir que pour la numération par unités. En disposant les tiges *verticalement*, et en y plaçant des boules de grosseurs graduées comme les ordres d'unités dans la numération décimale, l'instrument se prête à toutes les opérations et démonstrations du calcul;

212   GUIDE PRATIQUE.

C'est pourquoi l'instrument nouveau a reçu le nom de *boulier-numérateur*[1].

1. Nous allons en donner une description succincte :

Cet instrument, simple, léger, d'un maniement facile, se compose, comme l'indique la figure ci-jointe, d'un cadre de 0 m. 60 de

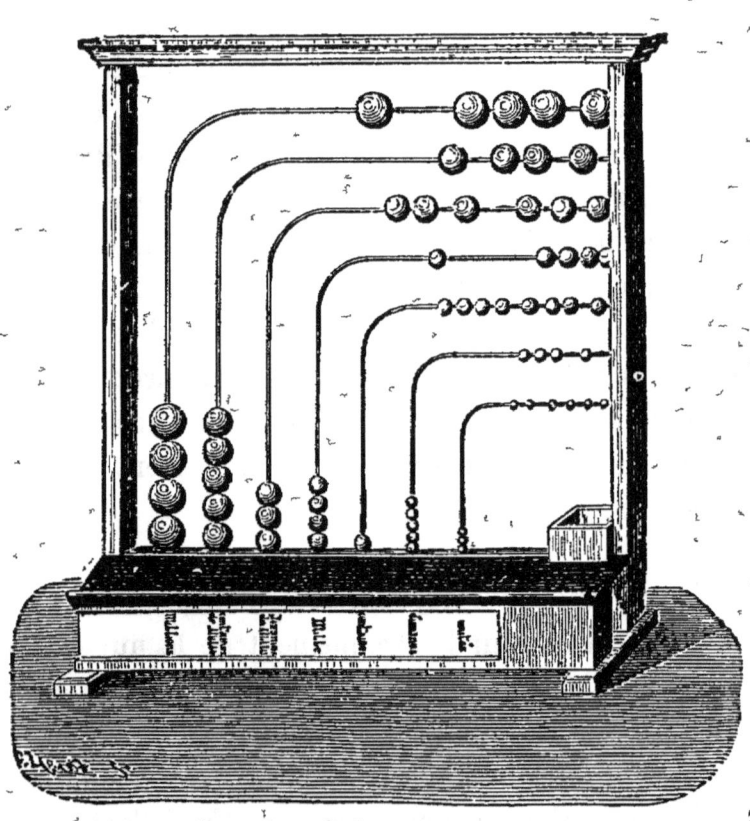

Boulier-numérateur (Père-Carpantier).

hauteur sur 0 m. 54 de largeur, traversé par 7 tiges de fer qui, fixées horizontalement du côté droit, sont courbées vers leur milieu de manière à venir se fixer verticalement sur la traverse inférieure. Prix 10 fr. 25 c. Librairie Hachette et Cie.

ARITHMÉTIQUE. 213

Des *fiches* portant les chiffres écrits en gros caractères servent à indiquer les nombres au bas du boulier-numérateur.

Ce boulier parle donc aux yeux, présente exactement les nombres et la numération, et ne permet ni incertitude ni erreur. Mais répétons à son sujet ce que nous disions tout à l'heure à l'égard du *chant :* il ne faudrait pas en faire un usage exclusif, de peur que l'idée du nombre ne se fixât dans l'imagination des enfants sous la forme unique des boules du boulier. Que les maîtres varient donc les exercices, en faisant faire du calcul mental appliqué à des objets très divers. Qu'ils aient soin cependant, ainsi que nous l'avons déjà dit, de veiller à ce que les objets composant chaque groupe soient semblables ou du moins

---

9 boules sont enfilées sur chacune des tiges; la grosseur en est graduée d'une tige à l'autre, de telle sorte que lorsque les boules sont amenées dans la partie verticale de leurs tiges respectives, elles représentent des unités d'autant plus fortes qu'on avance vers la gauche. Comme il n'y a que 9 boules dans chaque tige, l'enfant est frappé de l'impossibilité de former le nombre *dix*, autrement qu'en avançant d'une colonne à gauche, c'est-à-dire en passant à l'unité de l'ordre supérieur.

La progression des boules n'est évidemment pas établie dans les proportions du système décimal : cela eût été impossible; car si l'on prenait pour unité un *centimètre cube* seulement, on arriverait dès la 6ᵉ colonne, centaines de mille, à *un mètre carré* sur 1 décimètre d'épaisseur.

Mais ici la rigueur mathématique n'est point nécessaire pour obtenir le résultat tout à la fois modeste et essentiel que nous nous proposons : établir dans l'esprit des enfants, *par l'impression irrécusable de leurs yeux*, l'idée, la notion concrète de la progression des unités de droite à gauche. La proportion exacte, dont on se rend d'ailleurs trop peu compte en général, leur sera enseignée plus tard.

Instruction sur le Boulier-numérateur, librairie Hachette, 1869.

analogues, afin que l'enfant comprenne bien qu'on ne peut combiner ensemble que des unités de même nature.

Entrons maintenant dans le détail des procédés.

Le boulier-numérateur étant placé sur la table, en face des élèves, l'instituteur fait glisser sur la première tige verticale à *la droite des enfants*, celle qui représente l'ordre des unités simples, les neuf boules l'une après l'autre, en comptant les boules à mesure qu'elles tombent.

Puis l'instituteur fait compter divers objets semblables en les disposant sur la table, toujours sans dépasser le nombre 9.

Il répète le même exercice avec les *cubes*, en les alignant d'abord sur la table, puis en formant des groupes tels que ceux-ci :

Groupes de cubes représentant les neuf premiers nombres.

PREMIÈRE SÉRIE. — Cubes juxtaposés sur la table[1].

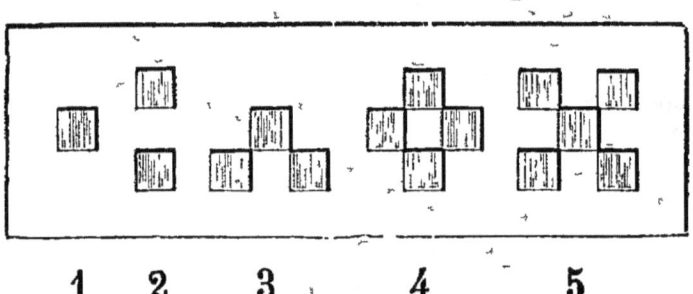

----
1. Ces cubes et leur *usage*, attribués à l'Allemand Froebel, ont été inventés par M. Allizeau, à Paris, il y a plus de soixante ans.

ARITHMÉTIQUE.

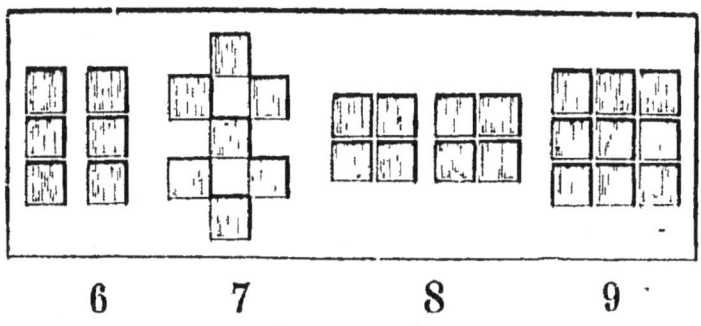

DEUXIÈME SÉRIE. — Cubes superposés.

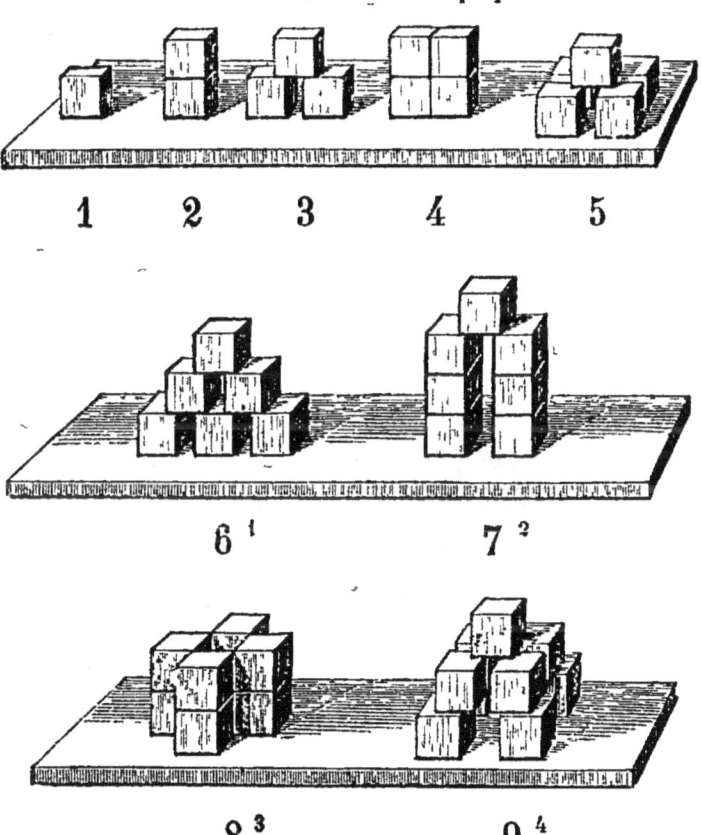

1 L'escalier.
3 Le puits.
2 La porte.
4 La pyramide.

Ces divers exercices conduiront l'enfant à composer des nombres jusqu'à neuf, et à les énoncer.

III. Les chiffres.

1° Pour faire connaître aux enfants la forme des neuf chiffres et leur usage, faites tomber une boule dans la première tige verticale du boulier, et placez au-dessous de cette boule la fiche portant le chiffre 1. Énoncez le nombre, et faites remarquer le chiffre. Faites descendre une seconde boule, et remplacez la fiche 1 par la fiche 2 ; et ainsi de suite.

2° Faites compter par les élèves le nombre de boules que vous avez mises sur la tige, et désigner la fiche qui convient pour représenter ce nombre.

3° Faites nommer les chiffres en rangeant d'abord les fiches sur la table, dans leur ordre de progression, puis en intervertissant cet ordre.

4° Après avoir disposé les objets en groupes réguliers, faites désigner la fiche qui doit être placée sur chaque groupe pour indiquer le nombre d'objets dont il est composé. Faites suivre cet exercice de l'explication du paragraphe 3 du livre de l'élève.

Dès que l'enfant saura reconnaître les chiffres, l'instituteur lui fera *écrire des nombres* (d'un seul chiffre bien entendu), en attachant à ces nombres une idée concrète. Ainsi il ne se bornera pas à dire : « Écrivez le nombre 7, » ou : « Désignez la fiche qui représente le nombre 4. » Mais il dira :

« Le petit berger conduit 7 moutons. Comment écrirons-nous ce nombre ? »

« J'ai donné ce matin 4 pommes à Louis. Quelle fiche faut-il mettre au boulier pour représenter ce nombre ? »

« Il y a 6 œufs dans le nid de la poule qui est dans la basse-cour. Comment écrirons-nous ce nombre ? »

IV. Le zéro.

Nous employons pour définir le zéro le mot de *signe*, et non celui de chiffre. Le mot *chiffre* signifie un signe représentant un nombre ; ce nom ne peut donc convenir au zéro puisqu'il n'a d'emploi, au contraire, qu'en l'absence d'un nombre, ou d'un certain ordre d'unités.

V et VI. La dizaine.

1° Faites compter *dix* petites bûchettes à peu près égales, et formez-en un groupe que vous liez avec un fil. L'enfant comprendra à l'aide de ce simple procédé ce que c'est que la *dizaine*. Apprenez-lui à compter jusqu'à 20.

2° Faites étudier les nombres de la première dizaine ainsi qu'il suit, à l'aide des deux tiges supérieures du boulier-numérateur : 1 et 1 font 2, 2 et 1 font 3.... 9 et 1 font 10, *une dizaine*; puis une dizaine moins 1, reste 9 ; et ainsi de suite jusqu'à 1 moins 1, il ne reste rien, et on marque 0.

3° Convenez avec vos enfants que la seconde tige verticale du boulier est en ce moment la tige des dizaines, et qu'ainsi les boules que vous y ferez glisser représenteront des dizaines d'unités, celles qui sont sur la première tige représentant des unités simples.

4° Composez des nombres sur le boulier-numérateur en mettant d'abord une seule dizaine, et ajoutant sur la première tige les 9 unités simples jusqu'à former 19, puis faisant tomber sur la seconde tige une deuxième dizaine, puis une troisième dizaine. Faites compter ainsi en glissant chaque boule dans la partie verticale de la tige :

Onze : 1 dizaine et 1 unité.

Douze : 1 dizaine et deux unités, etc.

Puis : 20, deux dizaines.

Alors vous relevez toutes les unités simples, de la première tige au bas de laquelle vous placez un 0, et vous faites descendre, dans la seconde à gauche, une deuxième boule, en énonçant le nombre 20.

Vous continuez de même en disant :

Vingt et un : 2 dizaines et 1 unité, etc.

5° Avant d'aller jusqu'à 100, et de peur d'abuser de la mémoire de l'enfant, faites composer et analyser des nombres avec 1 ou 2 ou 3 dizaines et des unités en plus. Un élève les marquera au boulier, et placera les fiches au-dessous, de telle sorte qu'elles représentent le nombre *écrit*. Pour les dizaines sans excédant d'unités vous laissez vide la tige des unités, et vous mettez sous cette tige une fiche portant 0.

6° Faites composer des nombres entre 10 et 30 avec les fiches seules.

Reprenez les exercices précédents, et étendez-les jusqu'à 99.

Ces exercices doivent être ensuite recommencés.

jusqu'à ce que l'enfant compte et analyse les nombres sans hésitation entre 1 et 99. Variez-en la forme en employant les cubes ou autres objets, que vous disposerez sur la table en séries parallèles représentant des ordres d'unités.

EXEMPLES DE QUESTIONS.

Il y a dans le petit pommier 14 pommes. Comment écrirons-nous ce nombre? Combien le pommier contient-il de dizaines de pommes? d'unités simples?

J'ai donné à Marcel 1 bon point chaque jour pendant 12 jours ; combien cela lui fait-il de bons points? Par quels chiffres faut-il les inscrire sur mon cahier de récompenses? Dans ce nombre combien y a-t-il de dizaines? combien d'unités simples?

Je veux savoir combien tu as de bonnes notes, mon petit Pierre. J'ouvre mon cahier et j'y trouve ceci : 23. Dans ce nombre 23, combien de dizaines? combien d'unités simples en plus? combien d'unités en tout?

VII et VIII. La centaine.

1° Reprenez les bûchettes. Faites faire d'abord 9 groupes de 10, ou 9 dizaines; puis faites une dixième dizaine. Alors vous expliquez que dix dizaines réunies forment une centaine; et vous rassemblez les dix petits paquets en un faisceau qui représente la *centaine*, ou le *cent*.

2° Vous opérez de la même manière au boulier-numérateur. Après avoir superposé successivement les

9 dizaines, vous dites qu'une dizaine de plus fait 10 dizaines, c'est-à-dire une *centaine*, et relevant aussitôt les 9 dizaines vous mettez une boule à la troisième tige, celle des centaines. — Vous mettez la fiche 1 sous la troisième tige, et des fiches 0 aux deux premières à droite.

3° Formez des nombres avec une centaine et un certain nombre de dizaines ; puis avec des dizaines et des unités ; enfin avec des centaines et des unités sans dizaines, en mettant la fiche 0 à la seconde tige.

4° Faites les mêmes combinaisons avec les fiches seules.

5° Faites disposer les boules du boulier de manière à représenter un nombre déterminé par vous, et comprenant une centaine seulement.

Suivez et expliquez le paragraphe 7.

Formez 1000 avec 10 centaines, en procédant de la même manière que pour les ordres précédents.

EXEMPLES DE QUESTIONS.

J'ai mis 128 abricots dans le fruitier : comment faut-il marquer ce nombre? combien contient-il de centaines, de dizaines, d'unités simples en plus des centaines et des dizaines? Ayez soin de faire énoncer la totalité de l'ordre d'unités que vous demandez, et non celles qui excèdent l'ordre précédent. Ainsi dans 128 il y a une centaine, 12 dizaines, 128 unités simples.

J'ai cueilli ce matin 442 châtaignes ; écrivez ce nombre pour que je m'en souvienne.

Il y a dans l'année commune 365 jours : écrivez ce nombre.

Lorsque l'enfant pourra lire facilement et les mots et les nombres, vous lui ferez lire dans son livre l'explication de la numération qu'il comprendra très clairement.

Cette récapitulation rapide servira à lui donner une idée nette de l'ensemble du système décimal, et de la numération jusqu'à 1000.

IX. Addition.

Expliquez l'addition en formant sous l'œil de l'enfant des groupes d'objets que vous réunirez ensuite. Répétez cet exercice à l'aide du boulier, en ajoutant successivement des unités aux unités, des dizaines aux dizaines. Remarquez qu'il ne doit pas y avoir, dans ce premier exercice, de *retenue* à *reporter*.

2° Répétez et variez ces exercices. Faites écrire les totaux au bas du boulier-numérateur avec les fiches portant les chiffres.

3° Faites apprendre aux enfants la table d'addition des nombres dont les totaux ne dépassent pas 10 ou 20.

4° Faites superposer deux nombres d'un, de deux, ou de trois chiffres, en faisant observer qu'on doit placer les unités sous les unités, les dizaines sous les dizaines, de manière à en former des colonnes; comme dans le boulier-numérateur, les boules représentant des unités d'un même ordre, sont toutes enfilées sur la même tige. Même remarque pour les centaines et pour les mille. Ayez toujours soin de choisir les chiffres de telle sorte que leur *somme* ne dépasse pas 9.

Il faut, dans ce cas, écrire les nombres au tableau.

EXEMPLES DE QUESTIONS.

Vous voyez cette boîte : il y a dedans 4 jetons; j'y mets ces trois autres jetons et je la ferme. Comment savoir ce qu'il y a de jetons dans la boîte puisqu'elle est fermée, et que je ne puis plus les compter un à un? Réfléchissons : il y avait 4 jetons d'abord, j'en ai ajouté 3; ajouter c'est faire une addition : j'ai donc fait une addition. Faites cette addition sur le boulier, et dites le total.

Jules avait hier 12 noix dans son panier; sa mère lui en a donné ce matin 14 autres; que dois-je faire pour savoir combien il a de noix en tout? Faites cette addition et indiquez le total. Combien y a-t-il de dizaines et d'unités simples dans ce total? Ce nombre est-il plus petit ou plus grand que chacun des deux premiers nombres?

X et XI. Soustraction.

1° Expliquez la soustraction en figurant toujours les nombres avec les boules du boulier, puis avec les cubes, pour que l'opération soit rendue sensible. Ayez soin de choisir des nombres tels qu'il n'y ait pas encore à compenser (ou à emprunter) d'un ordre à un autre.

2° Répétez ces exercices avec des groupes d'objets quelconques; faites écrire le reste avec les fiches à mesure qu'il est trouvé.

3° Faites apprendre la table de soustraction des nombres entre 1 et 20, en faisant remarquer qu'elle est la même que la table d'addition, mais prise en sens inverse.

4° Faites remarquer le reste 0, soit pour un ordre d'unité, soit pour reste absolu de la soustraction de deux nombres égaux.

5° Faites bien comprendre en quel cas l'opération est impossible.

EXEMPLES DE QUESTIONS.

Je te donne ces 6 noix, mets-les dans ta poche. — Maintenant donne 2 de ces noix à ta compagne. — C'est fait. Combien t'en reste-t-il ? Est-ce une soustraction que tu as faite?

J'ai planté 18 arbres dans notre jardin ; 6 ont péri, il a fallu les arracher. Est-ce une soustraction ou une addition qu'il faut faire pour savoir combien il en reste? Le nombre des arbres a-t-il augmenté ou diminué?

Faites cette soustraction : 6 ôtés de 18. Indiquez le *reste*. Que veut dire ce mot?

Combien y a-t-il de dizaines dans ce reste et d'unités simples? Est-il plus petit ou plus grand que le premier nombre 18?

Comme nous craignons surtout de fatiguer un enfant de cinq à six ans, nous nous bornons, cette année, à enseigner la notion de ces deux opérations : addition et soustraction. Nous ferons remarquer que, non-seulement les quatre opérations principales de l'arithmétique ne sont pas également faciles, mais qu'au point de vue théorique elles ne sont pas non plus sur la même ligne. Deux sont absolument fondamentales : l'addition, et son *inverse* la soustraction; elles nous fournissent le moyen direct d'agir sur une quantité pour l'augmenter ou la diminuer. Au second rang viennent la multiplication qui peut, à certains égards, être considérée comme une addition abrégée, c'est la *secondaire* de l'addition; puis la division, qui peut, dans certains cas, être considérée comme une soustraction abrégée, c'est la *secondaire* de la soustraction, et l'*inverse* de la multiplication. La figure suivante représente ces rapports :

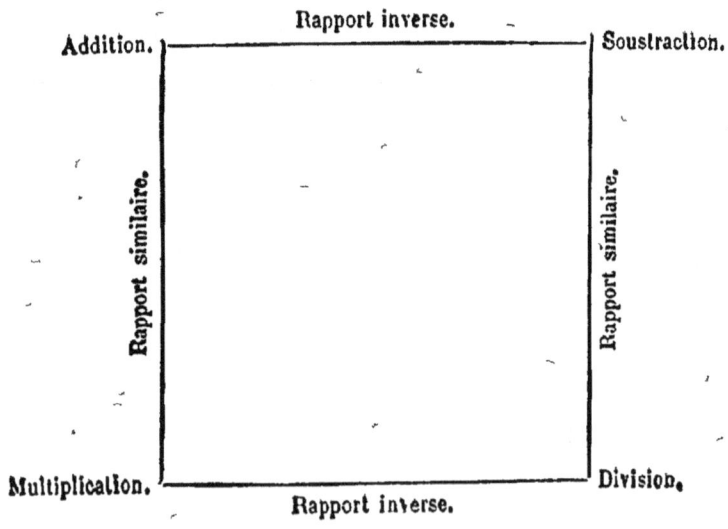

CHAPITRE VI.

PREMIÈRES NOTIONS DE GÉOMÉTRIE PRATIQUE.

En donnant à des enfants de cinq à six ans quelques notions de géométrie pratique, nous voulons simplement leur apprendre à reconnaître et à nommer les principaux éléments des formes les plus simples. Nous voulons surtout attirer leur attention sur *la forme*, accoutumer leur œil à la précision; en un mot, nous voulons leur *apprendre à voir*.

Frœbel, qui a bien compris l'importance de cette partie de l'éducation lui a fait une très large place. Il a recueilli une foule d'exercices enfantins qui se pratiquent de toute éternité dans les familles, et il les a introduits dans l'école. Le papier plié, découpé, taillé en ruban, blanc ou colorié, est d'une grande ressource pour l'instituteur de la première enfance. On peut figurer ainsi toute sorte d'objets : des étoiles à rayons, des profils de vases, etc., etc. Cette manière de produire des *dessins* est rapide, facile surtout parce que la symétrie des contours se réalise d'elle-même.

Les cubes aussi, tout en servant de moyen de démonstration pour les opérations arithmétiques, servent à l'enseignement des formes géométriques. Remis entre les mains de l'enfant aux heures de délassement, ils deviennent les matériaux de constructions variées dans lesquelles s'exercera son esprit d'invention.

A l'aide de quelques conseils, et servi par son imagination active, l'enfant sera vite en état de réaliser de charmantes petites combinaisons très variées comme sa fantaisie. Des murailles, des arcades, des portiques, des maisons, s'élèveront sous ses petits doigts. Il est avantageux d'avoir une collection assez étendue de solides variés de dimension, de formes, de couleurs, qui permettent d'obtenir, par leur combinaison, un grand nombre d'effets. Ainsi, en disposant sur une table les uns près des autres des triangles et des carrés, on peut faire de petites mosaïques, appelées compartiments dans le dessin linéaire.

Le coup d'œil, le goût de la régularité, le sens de la symétrie, de l'association des couleurs, se développent ainsi chez les enfants. Nous avons vu des mosaïques exécutées par de jeunes enfants, qui promettaient pour l'avenir le *goût* nécessaire à l'architecte, au décorateur, à l'ouvrier artiste, enfin aux praticiens de toutes les professions qui touchent à l'art du dessin.

Les petites bûchettes minces et d'égale longueur (4 ou 5 centimètres) servent pour représenter les *lignes*. L'enfant les dispose sur la table en figures géométriques, d'autant plus facilement que leur égalité entraîne forcément une certaine symétrie.

On peut composer ainsi non-seulement des figures géométriques proprement dites, triangle, carré, etc., mais encore le contour, le tracé linéaire de tout objet dont la forme est simple, tel que le profil d'un pignon, d'un niveau de maçon, d'une chaise, d'une barrière, etc. Nous donnons ci-contre deux feuilles de ces tracés [1].

Ces simples traits ont l'avantage de faire saisir aux enfants les éléments rudimentaires des formes en général, et ces exercices sont la meilleure préparation à l'étude du dessin.

Tous ces procédés sont précieux dans les commencements, parce qu'ils épargnent aux enfants le temps et la difficulté du tracé des lignes. Mais il ne faut pas en rester là; quand vos petits élèves sauront manier adroitement les bûchettes, il faut qu'ils abordent graduellement le tracé. A ce moment nous leur donnons l'ardoise et la craie, sans les contraindre, mais en les engageant à s'exercer au *dessin*.

Ce ne serait pas assez d'apprendre à tracer des lignes; l'enfant doit en apprendre le nom et les propriétés élémentaires. C'est à cela que tendent nos premières notions de géométrie pratique, ainsi que les exercices qui doivent en accompagner l'étude. En ceci comme en toute autre matière, nous nous adressons à la moyenne des enfants; l'instituteur pourra ou dépasser la limite à laquelle nous nous arrêtons

---

[1]. Toutes ces figures se trouvent identiquement dans les manuels Froebel et dans les gravures françaises de M. Allizeau.

DESSINS GÉOMÉTRIQUES

Composés avec les petites bûchettes.

Lignes perpendiculaires. — Équerre. — Té à dessiner. — Angles aigus. — Angles opposés par le sommet. — Carrée de porte. — Triangle équilatéral. — Carré. — Cadre à ligne de pêche. — Étoile à six rayons. — Losange. — Chaise en profil. — Pignon de maisonnette. — Tableau d'école. — Verre à pied.

GÉOMÉTRIE. 229

DESSINS GÉOMÉTRIQUES
Composés avec les petites bûchettes.

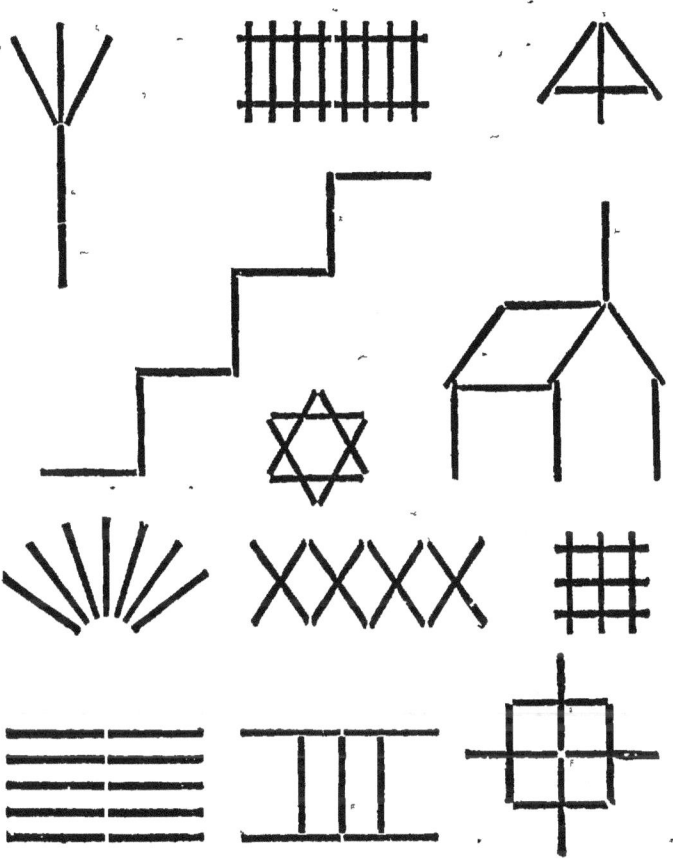

Fourche de faneuse. — Barrière. — Niveau de maçon. — Profil d'escalier droit. — Étoile à six rayons. — Maisonnette. — Éventail. — Barrière. — Treillage. — Portée musicale. — Cadre à porteurs. — Compartiment de parquet.

cette année, ou rester un peu en deçà, suivant l'âge et les facultés de ses élèves.

L'étude des premières notions de géométrie doit être préparée à l'aide d'une *leçon de choses* sur la *forme* en général. (Voyez celle qui précède les leçons d'histoire naturelle.) Pour faire comprendre aux enfants la valeur du mot *forme*, faites-leur remarquer que c'est particulièrement la forme qui différencie les objets entre eux et permet de les reconnaître. Vous prenez des objets de même forme, mais de couleur différente, et vous faites remarquer que ce que ces objets ont de commun, c'est la *forme*. Puis vous présentez des objets de même couleur et de forme différente (de simples feuilles de papier rouge, bleu, etc., découpées suivant des contours divers) et vous faites remarquer aux enfants que, bien que la couleur de ces objets soit semblable, ils les distinguent fort bien les uns des autres à la diversité de leur forme. Faites remarquer que les objets fabriqués par l'homme ont une forme déterminée par leur usage, tandis que la forme des choses naturelles est en rapport avec leurs fonctions. Exercez l'enfant à se rendre compte de la *forme* des divers objets d'après les motifs d'utilité qui ont conduit à la leur donner. — Vous désignerez d'abord les formes par les noms en usage dans le langage familier, vous réservant pour plus tard de remplacer ces dénominations usuelles par les mots caractéristiques de la géométrie. Vous ferez rendre raison, par exemple, de la forme *aiguë* d'une aiguille, de la forme *creuse* d'un vase, de la forme *courbe* d'un arc, de la forme *ronde* d'une roue, etc. Cet exercice animé, et propre à faire réfléchir, pourra être varié et se prolonger au gré de la curiosité des enfants.

Un objet de forme quelconque peut être considéré sous le rapport de sa longueur, de sa largeur, et de son épaisseur. Tous les corps, tous les objets quels qu'ils soient, ont ces trois dimensions ; mais certains objets ont une ou même deux de ces dimensions relativement très petites. Une feuille de papier, par exemple, a une épaisseur presque nulle comparativement à sa largeur et à sa longueur. Un objet *filiforme* (tel qu'un fil), un crin, un cheveu, a l'épaisseur et la largeur à la fois très petites, tandis que la longueur peut ne être considérable. Un grain de poussière a les trois dimensions très faibles, eu égard à nos organes, et comparativement aux objets que nous observons d'ordinaire.

Quand on considère les trois dimensions d'un objet, on le nomme, en géométrie, un *solide*.

Il serait bien désirable que les mots, au moins dans les sciences exactes, ne pussent prêter à aucune équivoque. Ainsi ce mot : solide, la géométrie pure l'emploie pour désigner un volume ou, comme on dit en géométrie, *un espace limité par des surfaces*, que cet espace soit ou non rempli par un objet résistant, par un liquide, par un gaz invisible, ou même soit absolument vide, ou encore ne soit qu'une pure conception de l'esprit. Pour le géomètre, le volume d'un objet, et la capacité vide d'un vase, sont également des *solides*. La physique, de son côté, emploie ce mot par opposition à *liquide* et à *gaz*, pour désigner une matière plus ou moins résistante, tandis que dans notre langage familier nous usons du mot solide uniquement comme synonyme de *stable*. Il faut être prévenu de ces diverses acceptions du mot *solide*, pour ne pas en confondre les divers emplois.

La *surface est ce qui limite l'étendue du solide*. Nous ne voyons, des objets, que les surfaces; c'est donc à la surface que la forme appartient en propre. On appelle *plane* une surface ou portion de surface sur laquelle une ligne droite peut être appliquée exactement dans tous les sens; toute autre surface est dite surface *courbe*.

Dans une surface plane ou courbe, on considère la largeur et la longueur seulement, et on fait abstraction de l'épaisseur. Bien entendu que toute surface, quand elle n'est pas une simple conception de l'esprit, appartient à un objet qui a en réalité une certaine épaisseur; mais on n'a pas à en tenir compte quand on considère la *surface* seule.

Quand deux surfaces se rencontrent et se limitent l'une par l'autre, leur *intersection* (coupure réciproque) est une *ligne*. La ligne est donc *ce qui limite la surface*.

La *ligne* géométrique n'a qu'une étendue : la longueur; la largeur et l'épaisseur n'existent pas dans une ligne. Pour l'œil, un trait délié, quoique ayant forcément une largeur et une épaisseur, représente la ligne. Les *arêtes* des objets, c'est-à-dire les rencontres de leurs surfaces, sont encore des lignes, tant en théorie que suivant le témoignage de nos sens. Un fil bien tendu entre deux points représente la *ligne droite*.

Le *point*, en géométrie, est simplement la détermination d'une position, d'un lieu dans l'espace. Le *point* n'a donc pas d'étendue, ni par conséquent de dimensions. C'est ce qu'on exprime en disant : le point n'a ni longueur, ni largeur, ni épaisseur. Ce qui limite la longueur d'une ligne, c'est un point ; l'intersection de deux lignes marque le point.

Cette conception du *point géométrique* est purement idéale ; mais dans la pratique on est bien obligé de le représenter par un point de crayon présentant une surface. La notion du point, même ainsi représenté d'une manière sensible, n'est pas très accessible à l'enfant. Au reste rien ne presse de la lui donner, c'est pourquoi nous l'ajournons.

Ce que nous disons ici du *solide*, de la *surface*, de la *ligne* et du *point*, est pour les maîtres principalement.

I. Le solide et ses trois dimensions.

Pour faire comprendre aux enfants la *surface* et la *ligne*, choses abstraites, présentez-leur d'abord le solide, chose réelle. Nous avons choisi le cube à cause de la netteté qu'il prête à la démonstration. Suivez la marche indiquée dans le livre de l'élève.

Faites observer les trois dimensions dans les objets familiers aux enfants. Remarquons bien qu'il n'y a rien d'absolu dans les attributions des mots, *longueur*, *largeur*, *épaisseur*, à l'une des dimensions d'un objet plutôt qu'à une autre. Toutefois, on prend assez ordinairement la dimension la plus considérable pour la *longueur;* la moindre pour l'*épaisseur*, et la dimension intermédiaire pour la *largeur*. Dans le cas du *cube* les trois dimensions étant égales, la dénomination est tout à fait arbitraire. Nous les avons choisies ainsi qu'il est indiqué dans le livre de l'élève, afin que, lorsque nous considérerons la surface *supérieure*, ces mots *longueur* et *largeur* (appliqués à la *surface*) continuent de désigner les mêmes côtés.

Pour faire comprendre que tous les solides, fût-ce une simple feuille de papier, ont une épaisseur, posez cette feuille sur une table bien dressée. En faisant glisser une épingle la pointe en avant, on verra cette pointe s'introduire sous le bord de la feuille, ce qui rendra l'*épaisseur* facilement appréciable, si petite, si peu distincte qu'elle soit à la vue.

II. La surface.

Pour conduire l'enfant à se figurer la *surface* en faisant abstraction de l'idée d'épaisseur, prenez une feuille de carton au milieu de laquelle vous pratiquerez un vide en enlevant un morceau rond, carré, etc. Puis, placez derrière ce carton un objet dont une partie seulement de la *surface* pourra être vue par l'ouverture.

Cet exercice peut être varié à l'infini, à l'aide du *polygonaire*. Cet instrument très simple permet d'enseigner avec la plus grande facilité non-seulement la surface en général, mais toutes les surfaces rectilignes ou polygones. L'œil et la main de l'enfant sont ici, comme dans toute la méthode naturelle, les agents de ses propres acquisitions : avec le polygonaire l'enfant décrit sans hésitation la surface qu'il désire, en se rendant compte de ce qu'il fait, ce qui est absolument indispensable dans l'enseignement tel que nous le comprenons.

III. La ligne.

En pliant une feuille de papier en deux, nous montrons, dans le pli, l'intersection de deux surfaces produisant la *vraie ligne géométrique.*

Le trait par lequel on représente la ligne géométrique que notre œil ne saurait apercevoir isolée des objets, le trait, disons-nous, porte aussi le nom de ligne, mais ce n'est plus alors dans un sens rigoureux et absolu. Un trait n'est pas plus une ligne qu'une feuille de papier n'est une surface. Une ligne tracée sur le tableau ou sur le papier ne représente la ligne géométrique que parce qu'on fait *abstraction* de la largeur du trait, et de son épaisseur plus insensible encore.

Sans chercher à définir à l'enfant ce procédé d'abstraction qu'emploie notre esprit, bornez-vous à lui faire comprendre que, de même que lorsqu'il s'agit d'une surface *on ne s'occupe pas* de l'épaisseur, lorsqu'il s'agit d'une ligne on ne s'occupe ni de la *largeur* ni de l'*épaisseur*.

Tracez des traits sur le papier avec le crayon, sur le tableau à l'aide de la craie. Que ces lignes soient droites ou courbes, régulières ou irrégulières, peu importe à ce moment. Représentez une ligne avec un fil tendu. Que les enfants désignent les lignes qu'ils aperçoivent dans les objets qui les entourent.

IV. La ligne droite.

Faites comprendre sous le nom de *lignes droites* la rencontre des surfaces planes de divers objets, comme les arêtes d'un cube; le bord bien droit d'une feuille de papier, les quatre arêtes vives d'une règle, les moulures de la boiserie, les grandes lignes de l'édifice voisin, etc., etc.

Faites des lignes droites sur le papier et sur le tableau, à l'aide d'une règle, ou sur le plancher, à l'aide d'un cordeau frotté de craie à la manière des charpentiers. Ayez soin de faire ces lignes assez fines pour ne pas fausser l'œil de l'enfant, ni démentir vos explications. On a dit plaisamment : « La géométrie est l'art de raisonner droit sur des figures faites de travers; » cela n'a pas grand inconvénient avec les adultes déjà habitués à faire abstraction des imperfections du dessin, mais une telle négligence aurait des inconvénients à l'égard des jeunes enfants.

Enfin exercez vos élèves à tracer des lignes droites entre des points déterminés par eux ou par vous.

V. La ligne courbe.

Présentez les exemples dont il est question en ce paragraphe. Tracez sur le tableau des lignes onduleuses; offrez pour exemples les contours de divers objets arrondis : d'un cercle de carton ou de papier, du cercle qui forme la base d'un cylindre, des lignes d'un poêle circulaire, etc., etc. Faites tracer par les enfants des lignes droites et courbes pour mieux leur en faire apprécier la différence.

VI. Lignes brisées et angles.

Pour appuyer la définition de la ligne brisée vous prenez une petite baguette de bois à peu près droite, vous la rompez en deux ou trois endroits sans séparer les fragments, ce qui sera facile, si la baguette est recouverte de son écorce. Faites reconnaître dans cette baguette la représentation d'une *ligne brisée;* et faites tracer par les enfants des lignes brisées.

Formez un *angle* au tableau; désignez comme étant l'angle lui-même *l'écartement des deux lignes, l'espace compris entre elles*, et non les lignes tracées qui limitent cet écartement; faites indiquer le *sommet*, les *côtés*.

Figurez un angle avec deux lattes fixées par une pointe à leur extrémité. Pour construire promptement et très exactement un angle droit, une sorte d'équerre, prenez une feuille de papier, pliez-la bien droit; puis, pliez-la une seconde fois en travers, de telle sorte que les deux extrémités du premier pli retombent l'une sur l'autre. L'angle formé par la rencontre des deux plis est un angle droit.

Prenez encore un mètre plat et articulé, qui vous donne des lignes brisées; et figurez avec ce mètre tel angle dont vous désignerez le sommet, les côtés.

Faites reconnaître pour des angles les coins de la

table, la rencontre des diverses lignes formées par la construction de la salle elle-même ou des meubles. Que les enfants désignent des angles; qu'ils en tracent sur l'ardoise et au tableau; qu'ils en représentent avec les petites baguettes.

Formez quatre angles en fixant deux *lattes* ou deux règles, à l'aide d'une pointe, non plus par leur extrémité, mais par leur milieu.

Faites tracer par les enfants des lignes qui se coupent, et faites désigner les quatre angles formés par ces lignes.

VII. Lignes perpendiculaires et angle droit.

Présentez deux règles de manière que l'une d'elles soit horizontale. Faites varier la position de la seconde en l'inclinant successivement d'un côté ou de l'autre. Vous ferez désigner par les enfants le moment où, celle-ci étant *sensiblement* verticale, les quatre angles sont *sensiblement* égaux; dites alors que, lorsque des lignes forment des angles droits, quelle que soit leur position dans l'espace, ces lignes sont appelées *lignes perpendiculaires*.

Faites au tableau des angles droits, à l'aide d'une équerre, si vous n'avez pas le coup d'œil assez sûr pour tracer d'emblée des perpendiculaires suffisamment exactes; et ces perpendiculaires, établissez-les bien ostensiblement dans toutes les directions.

Faites enfin tracer à *l'œil* et à *l'équerre* successivement des angles droits. Cet exercice habituera l'œil des enfants à juger, d'après l'angle, de la perpendicularité des lignes, ce qui a une véritable importance.

VIII. Angle aigu, angle obtus.

Faites des angles aigus et des angles obtus, à l'aide de votre mètre, de la fausse équerre, ou des lattes croisées.

Prenez aussi la feuille de papier pliée représentant l'angle droit ; ramenez-en les deux côtés de manière à former un angle aigu, dont l'ouverture sera la moitié exacte de l'angle droit. C'est cet angle que les ouvriers appellent *onglet;* ils l'emploient dans l'assemblage des cadres, des carrées des portes, etc., et généralement dans les assemblages qui doivent former l'angle droit par la juxtaposition de deux angles égaux. Vous figurerez l'angle obtus en développant trois des angles aigus de votre feuille de papier. Il est bon que ces trois sortes d'angles restent exposés *ensemble* sous les yeux des enfants, afin que la comparaison se fasse plus facilement dans leur esprit. Pour cela vous pouvez les laisser tracés sur le tableau. Apprenez aux enfants à les figurer sur le papier comme vous l'avez fait devant eux.

Motivez la forme aiguë de certains objets par l'usage de ces objets : ainsi le coin à fendre le bois, le soc de la charrue, la pointe des gros clous, ont la forme aiguë, parce que ces objets doivent pénétrer dans le bois ou dans la terre. Expliquez de même l'angle obtus.

IX. Des lignes parallèles.

Posez deux règles parallèlement, ou tendez deux fils parallèles; faites remarquer que les parallèles ont la propriété d'être partout également distantes les unes des autres. Cette distance doit se mesurer bien perpendiculairement à l'une et à l'autre ligne. Faites désigner par l'enfant les parallèles dans les lignes de la construction de la salle, les moulures des portes, etc., etc. Faites remarquer le parallélisme des *arêtes* opposées d'un cube.

Enfin faites disposer parallèlement, par les enfants, des règles, des lattes de bois, et tracer des parallèles sur le sol à l'aide d'un cordeau, d'abord en mesurant l'intervalle, puis en se rapportant au coup d'œil.

X. La ligne verticale.

Expérimentez la propriété du fil à plomb.

Ce même appareil que le géomètre nomme *fil à plomb*, le physicien l'appelle *pendule :* le premier le considère à l'état de repos, le second à l'état de mouvement.

Faites vérifier l'aplomb des lignes de la construction qui doivent être verticales.

XI. La ligne horizontale.

Faites observer par l'enfant le plan horizontal que forme le plancher. Pour établir une comparaison, figurez un plan incliné en posant le tableau obliquement. Tracez, puis faites tracer sur le tableau des lignes horizontales (à l'œil). Faites aussi l'expérience du vase rempli de liquide, exposée dans le onzième paragraphe, afin que l'enfant s'habitue à juger les lignes horizontales indépendamment de leur position dans le plan donné.

Pour faire remarquer la perpendicularité du fil à plomb (verticale) avec la surface de l'eau (horizontale), suspendez le fil à plomb de telle sorte que le petit poids qui le termine effleure la surface de l'eau. Faites alors flotter une règle sur l'eau, et amenez-la jusqu'au contact du fil à plomb. Ayez soin que la direction de la règle soit telle que les enfants voient l'expérience *de face*, de peur que la perspective n'altère pour eux l'aspect de l'angle.

Afin d'habituer l'enfant à reconnaître comme *verticale* toute ligne *perpendiculaire* à un *plan horizontal*, posez un cube sur la table, faites remarquer ses arêtes horizontales et ses arêtes verticales. Puis, par opposition, plaçant ce cube sur quelque objet oblique, ou le tenant relevé d'un côté à l'aide d'une règle interposée entre lui et la table, faites reconnaître que, bien que ses arêtes ne soient plus ni verticales ni horizontales, elles n'ont pas cessé d'être perpendiculaires entre elles.

Faites tracer sur le tableau et les ardoises des lignes qui ne soient ni verticales ni horizontales, et dites simplement qu'elles sont *inclinées* [1].

---

[1]. Nous évitons, pour le moment, le mot *oblique*, dont les acceptions *relatives* donnent lieu à des distinctions trop subtiles pour des enfants qui commencent.

XII. Le carré.

Suivez pour la démonstration du carré la marche indiquée dans le livre de l'élève. Cette manière de procéder a pour avantage de faire comprendre :

1° Que le trait *représente* les *lignes* qui forment le contour;

2° Que c'est la surface comprise entre les lignes qui est le carré, et non le trait du contour.

Formez un carré avec un papier plié ou découpé.

Montrez parmi les objets usuels des exemples de la forme carrée.

XIII. Le rectangle.

Cette figure, qui n'est pas d'un intérêt capital en elle-même, a été présentée ici parce qu'elle est d'une application plus commune que le carré. L'instituteur trouvera autour de lui peu d'exemples du carré parfait, tandis que la forme rectangulaire est presque partout.

Montrez les faces rectangulaires d'une boîte, d'un pupitre, etc., etc.

Si la classe est rectangulaire, faites-le remarquer aux enfants. Ce sera une préparation utile pour leur faire comprendre plus tard ce que c'est qu'un *plan*.

XIV. Le cercle.

Nous rappellerons ici à l'instituteur que le *cercle*, proprement dit, est l'espace renfermé dans la courbe qui le détermine. La courbe elle-même n'est que la *circonférence* du cercle. Cette distinction est facilement comprise par l'enfant. Présentez-lui des *cercles* de carton ou de papier, et désignez-lui le *cercle* lui-même, puis la ligne qui en forme le contour et qu'on appelle *circonférence*, mot qui est absolument synonyme de contour. — Multipliez les exemples de la forme circulaire.

Nous disons dans le livre de l'élève que les surfaces sont *ordinairement* limitées par des lignes *droites* ou *courbes*. C'est qu'il est en effet des corps, tels que la sphère, par exemple, dont la surface entière est absolument continue, et n'offre aucune *intersection*, aucune ligne *réellement existante :* le contour circulaire que la sphère présente à notre œil est un simple effet d'optique. On peut en dire autant de l'œuf, et en général de tous les solides à surface *continue*, sans *intersection*.

Montrez aux enfants les lignes qui limitent la surface des objets usuels ; faites rechercher si elles sont *droites* ou *courbes*, etc., etc.

CHAPITRE VII.

PREMIÈRES NOTIONS DU SYSTÈME MÉTRIQUE.

Tous les enfants ont vu un mètre, un litre, une balance, des poids, de la monnaie. Nous nous bornerons pour cette année à leur préciser la notion qu'ils possèdent de l'usage de ces choses. Nous tâcherons de leur faire comprendre que, pour *mesurer*, il faut avoir recours à un certain terme de comparaison fixe, connu de tout le monde, et *toujours semblable à lui-même*. Nous leur dirons qu'un mètre n'est pas un bâton d'une longueur quelconque, un litre le premier vase venu ; mais qu'ils ont, le premier, une *longueur*, le second, une *capacité*, fixes, déterminées, et que ce sont cette *longueur* et cette *capacité* qui, à proprement parler, sont le *mètre* et le *litre*, quoique nous donnions aussi ces noms à l'instrument de mesurage.

Nous n'insistons pas davantage. L'instituteur sent bien qu'il ne peut être ici question que d'une série de *leçons de choses* destinées à faire connaître les trois ou quatre mesures-types, et les procédés de mesurage dans ce qu'ils ont de plus simple. Nous remettons à l'année prochaine la division du mètre, les multiples et sous-multiples les plus usités, etc.

I. La comparaison des longueurs.

Faites bien comprendre aux enfants ce que c'est que *mesurer* une longueur. Mesurer, c'est comparer des *quantités de même espèce*. Pour les préparer à comprendre plus tard la définition générale, nous avons commencé par éveiller en eux l'idée de comparaison, qui conduit naturellement à l'idée de mesure.

II. Le mètre.

Montrez le mètre.

Mesurez devant les enfants deux ou trois lignes préalablement tracées par vous sur le sol, contenant un nombre exact de mètres. Faites-en mesurer la longueur par les enfants.

Indiquez-leur la signification du mot *mètre*, en faisant considérer ce mot comme synonyme de *mesure* (de longueur).

III. Le litre.

Présentez un litre que vous remplirez de liquide. Remplissez un vase plus grand en y versant successivement plusieurs litres.

Il serait bon que les enfants répétassent eux-mêmes l'opération du mesurage des liquides; mais l'expérience faite par leurs petites mains inhabiles entraînerait certains inconvénients. Faites-leur donc mesurer du sable ou quelque autre matière sèche ; puis, laissez à leur disposition un litre de bois, afin qu'ils en usent à loisir. De cette manière l'inconvénient sera écarté, et vous aurez offert à vos petits élèves un *nouveau jeu* dont ils vous seront reconnaissants.

IV. Le gramme.

Avant de parler du *poids*, il faut montrer la *balance* et en décrire brièvement l'usage et la construction. Il faut ensuite rappeler que tous les objets ont un certain *poids*, plus ou moins considérable, comme le témoigne l'effort plus ou moins grand que nous devons faire pour les soulever.

Montrez une balance simple, dont aucun ornement ne complique l'aspect.

Montrez une série de poids en cuivre, et quelques poids de fonte, sans entrer dans aucun détail.

Pesez ensuite divers objets à l'aide de ces poids, puis à l'aide de pièces de monnaie. La ressource qu'offre la monnaie en l'absence de poids spéciaux est encore trop peu connue.

Faites exécuter par les enfants diverses pesées. De petites balances à plateaux de bois, et par conséquent peu dispendieuses, sont un objet que nous aimerions à voir placé sous la main des enfants.

V. Le franc.

Le but que nous nous sommes proposé en parlant de la monnaie, c'est de faire comprendre à l'enfant que sa principale valeur réside dans l'usage qu'on en fait. Nous voulons qu'il apprenne à respecter dans l'argent le signe de la rétribution du travail, l'intermédiaire des échanges à l'aide desquels nous nous procurons les choses nécessaires ; et qu'il craigne d'égarer dans ses jeux, ou de dépenser sans réflexion, une chose qui, bien employée, est si utile !

Apprenez aux élèves à reconnaître les pièces de monnaie les plus communes. Insistez sur les centimes, afin que les enfants s'habituent à compter les petites sommes, chose dont l'application se présente à chaque instant. Avec des pièces de monnaie faites composer des *sommes* de 2 francs, 5 fr., 3 f., etc., puis 20 centimes, 40, 50, 60, 80 centimes, etc.

Montrez une ou plusieurs pièces de monnaie d'or de 5, 10 ou 20 francs, ne fût-ce que pour faire observer aux enfants qu'ils causeraient à leurs parents une perte relativement considérable, s'il leur arrivait d'égarer une de ces pièces. Ajoutez qu'ils doivent, pour ce motif, s'abstenir d'y toucher et de s'en faire un jouet.

CHAPITRE VIII.

PREMIÈRES NOTIONS DE GÉOGRAPHIE.

En jetant un coup d'œil sur ces premières notions de Géographie, on sera peut-être étonné de n'y pas rencontrer dès le début la phrase classique : « La terre est ronde, etc., » ou quelque chose d'équivalent. C'est que l'expérience nous a appris qu'il est impossible de faire bien comprendre à de petits enfants la valeur exacte de cette proposition, si simplement et si nettement exprimée qu'elle soit par ces mots. La plupart des enfants répètent longtemps cette phrase comme une formule énigmatique, et si leur intelligence s'en préoccupe jusqu'à un certain point, chose rare! il est certain que leur imagination est incapable de se figurer ce qu'elle exprime. La première partie de la phrase : « La terre est ronde », conduit l'enfant à penser qu'elle est un vaste plateau, terminé par un contour circulaire. La seconde partie de la proposition : « Elle a la forme d'un globe ou d'une boule, » jetté son esprit dans le trouble et y suscite mille illusions. — Ne nous en étonnons pas ; souvenons-nous que la science elle-même a été longtemps avant de conquérir, et surtout avant de faire accepter cette notion si simple, mais qui semble, au premier abord, démentie par le témoignage de nos yeux.

Il vaut mieux s'abstenir que de livrer à l'élève une formule dont le sens ne peut encore être compris par son intelligence. D'ailleurs, pussiez-vous arriver à lui donner l'idée de la forme sphérique de la terre, une nouvelle difficulté surgirait : son isolement dans l'espace. La *terre*, pour l'enfant de cet âge, sera toujours la partie solide, l'*aride*, comme dit la Genèse ; et l'idée d'océan venant compliquer la notion, il se figurera une boule flottant sur l'eau, ou toute autre image fantastique. Ne vaut-il pas mieux attendre que vos élèves aient été préparés à comprendre la forme sphérique de la terre, par les premiers éléments de géométrie qui leur donneront l'intelligence des formes ?

On s'étonnera peut-être aussi que nous ne fassions pas entrer dans nos premières notions de géographie la nomenclature des contrées de l'Europe, avec leurs capitales, etc.

L'expérience encore nous a démontré que les petits enfants ne comprennent rien à ces nomenclatures qui les ennuient, et leur font prendre en aversion une étude d'ailleurs très intéressante. On se fatigue à répéter des mots sous lesquels on ne peut pas mettre des idées. En outre, la nomenclature des divisions du territoire est absolument stérile en l'absence de la carte, et nous ne trouvons logique de donner une carte à l'enfant que lorsqu'il a été conduit, par quelques notions de géométrie appliquée, à comprendre ce que c'est qu'un plan. Alors seulement la carte cesse d'être pour lui une image incompréhensible, bizarrement coloriée, et devient une représentation. A l'aide de la carte, l'enfant peut alors apprendre les noms et la position des accidents du sol, des divisions de territoire, des villes dont on lui parle; et ces noms désormais lui rappellent des idées.

Jusqu'à ce moment, la géographie ne peut être que purement *descriptive*. C'est donc par la description qu'il faut procéder. Mais les enfants ont l'imagination si mobile qu'ils ne peuvent suivre une description continue. Pour certains d'entre eux, même, ce serait encore trop abstrait. Donnez alors à votre enseignement, à vos récits, la forme dialoguée; essayez autant que possible de mettre l'enfant dans le paysage, dans l'action pour ainsi dire, en éveillant ses souvenirs, en faisant des comparaisons qui l'aideront à se faire des images. Surtout que vos récits soient variés et pittoresques.

Usez largement de ces comparaisons familières que les enfants comprennent si bien; vous arriverez ainsi à leur donner une foule de notions pratiques qui formeront une solide base pour les développements ultérieurs. Et si, à la fin de l'année, vos élèves ne sont pas en état de répondre aux questions d'usage sur les contrées et les capitales, du moins, par compensation, ils connaîtront autrement que de nom les principaux traits de la géographie physique.

I. Le pays et le continent.

La première leçon qu'il faut donner aux enfants consiste à leur faire comprendre de quoi il est question quand nous nommons notre planète. Quand vous dites : « La Terre, » l'enfant comprend un champ.... « La terre qu'on laboure, » comme l'exprimait naïvement un jour un de nos jeunes élèves.... L'idée d'une vaste étendue est déjà très difficile à faire naître, et c'est par de nombreuses analogies qu'il faut tenter d'y arriver. Après avoir enseigné qu'il y a des plaines, des montagnes, des fleuves, des lacs, des mers, vous réunissez tout cela dans l'expression générale : La *Terre.*

II. Le voyage.

Ce sont les voyageurs qui nous ont donné les descriptions locales sur lesquelles nous nous sommes appuyés pour composer la description générale de la terre (Géographie). Commencez donc par éveiller l'idée de *voyage.* D'ailleurs ce procédé aura pour avantage de faire comprendre à l'enfant que les sciences naturelles, et en particulier les sciences géographiques, se forment par *observations* et *relations.*

C'est en outre, croyons-nous, le meilleur moyen à employer pour faire concevoir l'étendue.

III. La colline et la montagne.

Ces premières descriptions de la nature devraient être faites, nous le répétons, en face de la nature elle-même. Il faudrait que l'instituteur pût conduire ses élèves à la campagne, sur le terrain ; qu'il leur fît observer directement les accidents, petits ou grands, que le sol présente toujours autour de nous, même dans le pays le moins favorisé sous ce rapport, et qu'il fît sa leçon sur les choses.

Quand cela n'est pas possible, l'instituteur peut du moins faire appel aux souvenirs des enfants, ainsi que nous l'indiquons dans nos petites leçons, et leur faire remarquer les ondulations du sol qu'on peut apercevoir autour de l'école, ou que l'on peut même simuler dans le jardin ou dans la cour.

Quand l'enfant se sera fait, dans ces dimensions réduites, un tableau des accidents géographiques, adressez-vous à son imagination pour les agrandir. Ceci est également applicable aux paragraphes suivants.

IV. La vallée et la plaine.

Faites désigner par les enfants les vallées ou vallons, les plaines plus ou moins étendues du pays que vous habitez, afin que le sujet de la leçon, trouvant son application immédiate, se fixe d'autant mieux dans leur mémoire.

V. La source et le ruisseau.

Faites de même désigner les fontaines, sources et ruisseaux que vos petits élèves ont pu remarquer. L'année prochaine nous leur expliquerons d'où vient l'eau des sources ; pour le moment, il nous suffit de faire observer ce fait de l'eau sortant de la terre ou des fentes de rocher.

VI et VII. La rivière et le fleuve.

Si vous n'avez pas, dans la localité, une rivière ou un fleuve que vous puissiez citer, donnez aux enfants la notion de ces grands cours d'eau par la comparaison avec le ruisseau qu'ils connaissent. Complétez les descriptions esquissées dans le livre de l'élève.

VIII. L'étang et le lac.

Faites ressortir l'opposition entre l'eau plus ou moins stagnante de l'étang et du lac, et l'eau courante du ruisseau, de la rivière et du fleuve. Montrez que l'étang est formé par l'accumulation des eaux dans une dépression du terrain; donnez pour exemple les petites mares qui se forment sur le sol après la pluie.

IX. La mer.

Il est très difficile de conduire un enfant qui n'a pas vu la mer à se la figurer. Faites-en la description par comparaison avec le lac; montrez des nuages; parlez des grands navires, des longues traversées, enfin de tout ce qui peut donner une idée de l'immensité de la mer.

X. L'île.

S'il n'existe pas d'île dans votre voisinage, faites observer la moindre motte de terre dans un étang, dans une simple mare. Une pierre s'élevant au-dessus de l'eau offrira l'image d'une île. Pour toutes ces choses il suffit d'être ingénieux. Quand tout fait défaut, il importe de savoir improviser. Les maîtres qui considéreraient ces procédés de démonstration comme inutiles, ou qui les dédaigneraient, prouveraient qu'ils ne connaissent pas l'enfance, ou qu'ils n'en font pas le cas qu'elle mérite. C'est en négligeant les petits moyens, sous prétexte de dignité, qu'on est parvenu à faire de l'instruction une chose incompréhensible et un ennui mortel.

XI, XII et XIII. Les climats, etc.

Faites comprendre aux enfants que tous les pays n'ont pas le même aspect que le nôtre. Comme nous ne pouvons encore indiquer la position relative des différentes contrées, donnons du moins la description des climats divers et des diverses productions qui en résultent. Apprenez aux enfants que les conditions de la vie n'étant pas les mêmes partout, chaque climat offre un ensemble différent de productions, tant animales que végétales. Ne craignez pas de revenir souvent sur ces descriptions; accompagnez-les de dessins, d'objets de provenance étrangère, se rattachant soit à la nature, soit à l'industrie des contrées dont ils proviennent.

XIV. Division de la terre.

La rapide nomenclature des cinq parties du monde est tout ce que nous pouvons donner dans cette première année, en l'absence des moyens de démonstration et des notions préliminaires réservées pour l'année suivante. Ceci est une simple concession que nous faisons aux habitudes établies.

XV. La France.

Faites comprendre la signification des mots *Nation*, *Patrie*, etc. Que de bonnes pensées, de précieux sentiments vous pouvez faire naître, à cette occasion, dans les jeunes âmes qui s'ouvrent à votre influence!

CHAPITRE IX.

PREMIÈRES NOTIONS D'HISTOIRE NATURELLE.

Avant de commencer l'étude des trois règnes de la nature, il faut que l'enfant possède la connaissance préliminaire de sa propre existence, et des organes par le moyen desquels il est mis en rapport avec le monde extérieur.

C'est pour cela que nous avons fait précéder nos petites leçons d'histoire naturelle d'une série de *leçons de choses* sur les organes des sens, leurs fonctions, leur part dans la formation des idées.

Afin de faire comprendre aux enfants les fonctions de leurs organes, et les notions premières touchant leur intelligence, les maîtres devront s'aider de quelques expériences capables d'éclairer le jugement de leurs élèves, et de mettre en activité la faculté de comparaison qui sommeille un peu chez eux. On pourra, par exemple, bander les yeux d'un élève pour lui faire mieux sentir l'importance capitale du sens merveilleux de la vision. — L'instituteur lui fera entendre des sons, en approchant un objet sonore de ses oreilles, pour *localiser* et faire apprécier la fonction spéciale de l'organe de l'ouïe.

On exercera le toucher en faisant *palper* divers objets, et dire la qualification qui peut leur être attribuée d'après le témoignage de la sensation tactile : surfaces lisses, polies, âpres, rugueuses, sèches, humides, chaudes, froides, etc.; formes arrondies, anguleuses; substance dure, molle, grasse, pulvérulente, etc. On pourra de même faire goûter différentes substances d'un goût caractéristique, telles que le sucre, le sel, le vinaigre, etc., en faisant déterminer l'adjectif qui doit qualifier ces substances sous le rapport de la *saveur*. Ces sortes d'expériences doivent être d'ailleurs répétées et variées en faisant les *leçons de choses*.

Toutes ces notions auront dû être précédées d'un ou de plusieurs exercices, dans lesquels on aura enseigné aux enfants le nom et la fonction des principales parties du corps (à l'exception des organes des sens dont l'étude fait l'objet de leçons spéciales). Le père de la Pédagogie moderne, PESTALOZZI, accordait à cette étude des fonctions de l'organisme, et d'après les mêmes considérations que nous avons exposées plus haut, une grande importance. Il entrait à cet égard dans les plus minutieux détails. Nous croyons devoir nous borner ici aux notions indispensables, remettant à une autre époque l'étude plus approfondie des phénomènes dont notre être lui-même est le sujet, et qui, ne fût-ce qu'au point de vue de l'hygiène, doivent nous préoccuper sérieusement.

Les parties du corps.

GRANDE DIVISION.

La tête.

Le torse . . . . { Le buste. Le bassin.

Les membres { supérieurs, servant à prendre (organes de préhension).
inférieurs, servant à marcher)organes de locomotion).

LA TÊTE COMPREND :

Le visage, où la face, sur laquelle se trouvent :
Le front; les tempes.
Les sourcils.
Les yeux; les cils.
Les joues.
Le nez; les narines.
La bouche : les lèvres, les dents, la langue, le palais.
Le menton.
Les oreilles.
Puis :
Le sommet de la tête; la nuque.
Les cheveux, la barbe
Le cou.

LE TORSE COMPREND :

Diverses parties, dont les seules à indiquer cette année, sont :

Les épaules.
La poitrine.
L'estomac (le *sternum*).
Le dos.

LES MEMBRES SUPÉRIEURS COMPRENNENT :

Le bras ; le coude.
L'avant-bras ; le poignet.
La main. Les doigts : pouce, index, médium, annulaire, petit doigt.
Les phalanges des doigts ; les ongles.
La paume de la main.

LES MEMBRES INFÉRIEURS COMPRENNENT :

La cuisse.
Le genou.
Le jarret.
La jambe ; le mollet.
Le cou-de-pied.
Le pied.
Le talon.
La plante du pied.
Les doigts de pied ou orteils, leurs ongles.

Les maîtres feront distinguer par les enfants ces différentes parties, leur en expliqueront sommairement le mécanisme et les fonctions. La plupart de ces noms leur étant déjà connus seront facilement appliqués.

Causerie préliminaire.

LES CINQ SENS.

Cette série de leçons se trouve suffisamment élucidée par toutes les observations précédentes

LA LUMIÈRE.

Ce que c'est que la lumière. Sans la lumière il n'y a plus de couleur. Tout est noir dans l'obscurité complète. Le *noir* n'est donc point une couleur, c'est simplement l'absence de couleur et de *lumière*, ou du moins, le *moindre degré d'intensité* de la lumière. Le noir n'est une couleur qu'en peinture ou en teinture.

L'absence de la lumière, c'est l'*obscurité*, les *ténèbres*, la *nuit*. — Faites en sorte que les enfants ne confondent pas la lumière *en elle-même*, le principe lumineux, avec les bougies et autres moyens d'éclairage artificiel que nous appelons vulgairement des lumières. — Faites distinguer *le jour*, c'est-à-dire la lumière du jour, de la durée de vingt-quatre heures nommée *un jour*.

Expliquez que la lumière du jour est liée pour nous au soleil. Si le soleil pénètre directement dans votre classe, fermez les volets pour démontrer que son absence produit l'obscurité, les *ténèbres*. Dites ensuite que lorsqu'on ne voit, pendant le jour, ni les rayons directs du soleil, ni l'astre lui-même, c'est à lui néanmoins que nous devons la lumière. Comparez les nuages à un rideau qui voile l'astre, et affaiblit sa lumière sans pouvoir l'éteindre. Faites remarquer qu'en effet le jour est moins clair, et que la nuit commence plus tôt, quand le soleil est couvert de nuages.

LES COULEURS.

Présentez une série d'objets semblables de formes, mais de couleurs différentes ; par exemple des cubes coloriés ou de simples découpures de papiers de couleurs. Faites désigner de mémoire la couleur de certains objets familiers.

Si vous pouvez disposer d'un rayon de soleil, faites l'expérience suivante, afin de faire sentir aux enfants que la couleur dépend de la lumière, qu'elle est une *modification* de la lumière, et non une qualité absolument inhérente aux différents corps. — Recevez le rayon de soleil sur une feuille de papier blanc ; puis interposez successivement sur le trajet du rayon lumineux des verres de couleurs variées. La lumière prendra, en traversant le verre, la modification spéciale qui constitue chaque couleur, et ces couleurs apparaîtront sur la feuille de papier. Si à la feuille de papier blanc on substitue un objet coloré, on remarque que cet objet, quelle que soit sa couleur au préalable, prend une teinte bleue sous l'influence d'un rayon de lumière bleue, rouge sous un rayon rouge, etc. Cette seconde partie de l'expérience dépasserait les notions qu'il convient de présenter aux enfants cette année. Nous ne l'indiquons que pour démontrer plus clairement ce fait scientifique : *que la couleur n'est pas*, en soi, *inhérente aux objets*, mais qu'elle est seulement une modification de la lumière.

Prenez une palette de porcelaine ou, à son défaut, une simple assiette blanche ; disposez comme dans la figure ci-dessous trois gouttes d'eau teintes des

Rouge.

O

Violet.   Orangé
O   O

Bleu.   Vert.   Jaune.
O   o   O

trois couleurs simples. On peut employer indistinctement, pour le bleu, le *bleu de Prusse* et le *bleu de cobalt;* pour le jaune, le *jaune de chrome* ou la *gomme gutte;* pour le rouge, le *vermillon* et la *laque carminée* ou *carmin*, parce qu'il ne s'agit pas ici de rechercher la combinaison donnant lieu aux teintes les plus riches.

Cela fait, vous trempez un pinceau dans chacune des deux gouttes qui doivent former une couleur composée, et vous avez soin de mélanger cette couleur en posant une *touche* entre les deux couleurs simples dont elle dérive.

Faites rechercher si la couleur des divers objets que vous présenterez aux enfants est simple ou composée.

LES FORMES.

Après la couleur, la forme est ce qui caractérise et distingue à nos yeux les objets. Pour faire comprendre ceci présentez des choses de même couleur et de forme différente. Si des objets convenables vous faisaient défaut, suppléez-y par des fragments de papier de différentes couleurs, taillés suivant un contour très-simple; par exemple, un cercle, un triangle, un carré, le contour d'un vase, la silhouette d'une figure. Faites trouver le qualificatif qui convient pour désigner la forme des objets que vous présentez : forme allongée, arrondie, pointue, etc. Ceci aura pour avantage d'enseigner aux enfants la valeur et l'usage de ces expressions.

LES TROIS RÈGNES DE LA NATURE.

L'enfant, qui pourtant ne comprend encore ni l'importance ni la valeur de la vie, éprouve pour elle un attrait invincible. Les jouets inanimés lui deviennent bien vite indifférents; les mouvements agiles et gracieux d'un animal apprivoisé l'intéressent et le captivent; il sent là une *spontanéité* analogue à la sienne. Son esprit d'observation y trouve un aliment, sa volonté, une sorte de lutte qui le stimule et le passionne; sa sensibilité, un objet, car le sentiment que lui inspire un être doué de vie est tout autre que l'intérêt qu'il attache à un objet inanimé, à une représentation inerte. Malgré ce goût et cet attrait pour la vie, l'enfant est parfois cruel, ou du moins il lui arrive de se livrer à des actes qui offrent l'apparence de la cruauté. Il veut à toute force s'emparer de l'animal qu'il désire. Incapable de se rendre compte des souffrances qu'il inflige, il est disposé à en agir avec cet animal comme avec un objet insensible qu'il traite à sa fantaisie [1].

Faisons-lui comprendre que l'animal, aussi bien que nous, est capable d'éprouver la souffrance; que non-seulement il ressent de la douleur lorsqu'on lui porte des coups, ou qu'on froisse ses membres, mais qu'il souffre encore dans son instinct quand on le retient captif malgré ses tendances naturelles. Inspirer à l'enfant la pitié pour les êtres souffrants n'est pas assez : inspirons-lui le *respect de la vie*, sentiment délicat et religieux que nous ne craindrions pas de voir porter jusqu'au scrupule. — Nous avons vu parfois un enfant la joue en feu, emporté par l'ivresse du mouvement, poursuivre un papillon brillant qui semblait narguer son ardeur et sa crédulité naïve, en se posant çà et là sur des fleurs ; nous l'avons vu prêt à saisir le jouet ailé, s'arrêter haletant, retenant sa main et son souffle, admirer le frêle insecte, et le laisser reprendre son vol sans tenter de le saisir — et nous

---

1. Nous croyons fermement que la cruauté réfléchie et consciente est une rareté chez les enfants.

nous sommes dit, devant cette gracieuse répression du désir : Voilà un être qui comprendra plus tard bien des délicatesses . . . .

La manifestation la plus élevée de la vie, dans l'animalité, c'est l'instinct. Citez aux enfants quelques traits de l'instinct des animaux. Vous pourrez, pour cela, puiser soit dans votre mémoire, soit dans les rapides indications que nous donnons ci-après. Choisissez des faits bien frappants et bien caractérisés, quelques preuves nettement accusées de cette vérité, autrefois révoquée en doute dans une école célèbre[1], *que les animaux ne sont point des machines, mais qu'ils possèdent un principe d'animation et de vie*, habituellement désigné sous le nom d'instinct, pour le distinguer de l'intelligence de l'homme.

Nous pouvons considérer le *mouvement* (volontaire) comme le trait caractéristique du règne animal.

Les *plantes* sont aussi des êtres organisés, doués d'un autre genre de vie. De même que leur organisation est autre que l'organisation animale, la *vie végétative* diffère de la vie animale. Cependant il ne faut pas croire que la différence entre ces deux modes d'existence soit absolue ; il existe entre eux des ressemblances nombreuses. Au bas de l'échelle, parmi les êtres les plus simples des deux règnes, cette similitude devient telle qu'il est difficile de tracer une ligne de démarcation entre eux. Mais dès qu'il s'agit d'espèces plus parfaites, l'indécision n'est plus possible.

---

1. Port-Royal.

Le règne végétal et le règne animal forment la grande *série organique*, celle qui comprend les êtres pourvus d'organes et dans lesquels circule la vie, par opposition à la *série inorganique* formée par le règne minéral.

La vie a partout de grands mystères ! Quoique les phénomènes de la végétation soient certainement plus simples que ceux de la vie animale, ils semblent être encore plus inaccessibles à notre esprit. Nous ne pouvons plus ici nous laisser guider par l'induction, qui nous fait présumer de la manière de sentir et de percevoir des animaux d'après les rapports que leur organisation offre avec la nôtre. — Et, pour ne toucher qu'un point, nous croyons qu'on s'est trop hâté d'admettre que le végétal est insensible. Tout ce que nous pouvons conclure, ce nous semble, de l'absence, chez les végétaux, du système nerveux qui constitue chez nous l'intermédiaire sensitif, et en général des différences qui séparent les deux modes d'existence végétale et animale, c'est que le végétal, *s'il est doué de la faculté de sentir*, sent tout autrement que nous, et qu'il est impossible à notre imagination de se faire une idée de son mode de sensibilité. Nous ne nous en efforçons pas moins de faire comprendre aux enfants que le végétal possède une certaine vie qui lui est propre; et, dans ce but, nous usons de comparaisons avec le règne animal. Ce que nous avons dit plus haut guidera l'instituteur, pour développer la notion forcément incomplète que nous avons donnée. Les mots usuels que nous employons, pour nous faire comprendre, ne définissent pas scientifiquement ce que nous pourrions appeler la *sensibilité végétative;* mais l'enfant n'est pas encore en état d'apprécier des renseignements plus précis, si tant est que l'on puisse considérer comme tels ceux que la science possède à cet égard. Du moins l'instituteur se gardera de trancher la question par la négative: faire de l'*insensibilité absolue* de la plante le caractère distinctif qui la sépare de l'animal serait une assertion gratuite, et tout au moins téméraire. Qu'on nous permette d'ajouter encore ici, — puisque nous y sommes conduits par une digression, — que « les différences et les lignes de démarcation entre les êtres semblent fort tranchées dans une étude superficielle, ou pour une science encore à ses débuts, tandis que, plus cette science progresse, plus les moyens d'observation se perfectionnent, et plus on voit apparaître de nuances, de transitions, de rapports, d'harmonies. » — Enseignons à l'enfant à respecter la vie jusque dans le végétal. Les personnes qui pensent comme nous éprouveront un certain charme à voir les enfants épargner l'existence fragile et charmante des fleurs. Les autres y trouveront du moins un avantage, celui de restreindre les *razzia* effrénées que font dans les jardins la plupart des enfants dès qu'ils en trouvent l'occasion, au grand désespoir des jardiniers et des propriétaires.

Le minéral est de la matière non organique. Il n'a pas la vie comme nous la comprenons; s'il s'accroît, c'est par l'addition de particules de matière qui s'y ajoutent extérieurement. Néanmoins, cette matière même n'est pas absolument *inerte;* elle possède une certaine *force*, une certaine tendance inhérente à ses particules, qui en détermine la loi, le groupement, et les unit soit avec des particules (ou molécules) semblables, soit avec des particules différentes. Les *forces* inhérentes à la matière minérale ont, entre autres résultats, celui de conduire cette matière à *affecter*, à revêtir des formes caractéristiques, lorsque des circonstances favorables lui permettent de se régir en liberté. Ce phénomène des formes *régulières, géométriques* du minéral, s'appelle *cristallisation*. Les minéraux ainsi revêtus de formes géométriques se nomment des *cristaux*, qu'ils soient doués ou non de transparence. Les savants trouvent des indices de cette tendance à se cristalliser même dans les substances minérales, où l'œil inexpérimenté ne reconnaît trace d'aucune loi.

Remarquons que les formes des substances minérales sont anguleuses et composées de lignes droites, tandis que les formes des êtres organisés, surtout des *êtres supérieurs*, offrent des lignes courbes, des contours arrondis.

RÈGNE ANIMAL.

En parcourant le livre de l'élève on s'apercevra que nous n'avons pas donné un exemple de chaque classe d'animaux. Vers le bas de la série nous nous sommes arrêtés aux insectes; encore, dans chacune des classes dont nous parlons, nous n'avons cité que les principaux genres, et parmi ceux-là, les animaux que l'enfant connaît le mieux et qui sont de nature à l'intéresser davantage. Ce que nous voulons cette année, c'est apprendre aux enfants à observer attentivement les êtres qui vivent sous leurs yeux, et sur lesquels ils ne jettent d'ordinaire qu'un regard distrait. Nous avons voulu appeler leur attention sur le rapport qui existe entre la forme et le mode d'existence des animaux; leur faire pressentir ce que nous développerons plus tard : la distinction des espèces. Cette étude ne doit avoir rien d'abstrait, c'est un exercice d'observation et de raisonnement, et non un catalogue à apprendre. Nous aurions pu donner au style plus d'animation; mais ces leçons n'étant que le résumé de l'enseignement oral, nous laissons aux maîtres le soin d'imaginer la scène, de faire les descriptions, de choisir même des types à côté de ceux que nous indiquons. Ne voulant pas donner à des enfants de six ans un texte trop étendu, nous croyons être suffisamment explicite pour tous les maîtres qui possèdent l'esprit de la méthode.

D'ailleurs, les maîtres trouveront tous les renseignements dont ils peuvent avoir besoin dans une série d'ouvrages publiés par nous, pour répondre spécialement à notre mode d'enseignement[1]. Il nous eût été impossible de réunir dans un manuel ces données qui nécessitent un grand développement. Rappelons seule-

1. *Zoologie des Écoles, histoires et leçons explicatives sur les animaux*, correspondant à 50 planches coloriées. Les textes sont eux-mêmes illustrés et se vendent séparément.

ment, pour plus de précision, les premiers principes de la classification, et les traits caractéristiques des principaux groupes dont nous parlons cette année.

On divise le règne animal en cinq branches ou embranchements, comprenant les animaux :

1° *Vertébrés*, pourvus de vertèbres.

2° *Annelés*, dont le corps est divisé par anneaux.

3° *Mollusques*, dont le corps est mou, sans os et sans anneaux.

4° *Zoophytes*, ou rayonnés, ayant quelques traits de ressemblance avec les plantes.

5° Enfin les *protozoaires*, ou animaux primaires, c'est-à-dire les plus simples de tous.

De ces cinq embranchements nous n'avons parlé cette année que des deux premiers, et nous n'en avons considéré que les groupes principaux.

Les *vertébrés*, ainsi nommés parce qu'ils ont tous un squelette dont les *vertèbres* sont les pièces principales, sont divisés en cinq classes : *mammifères, oiseaux, reptiles, batraciens, poissons.*

Les Mammifères.

Les *mammifères* sont ainsi nommés parce qu'ils portent des mamelles pour allaiter leurs petits. Leur sang est chaud, et ils respirent par des poumons. Ils se divisent en deux groupes : les mammifères marcheurs et les mammifères nageurs. Les premiers ont du poil et quatre membres disposés pour la marche ; on les subdivise en plusieurs ordres, parmi lesquels se trouvent les *carnivores*, les *ruminants* et les *ju-*

mentés que nous avons réunis pour l'enfant sous le nom d'herbivores, et les *rongeurs*. Les animaux que l'enfant connaît appartiennent presque tous à ces groupes.

Les *carnivores* ont quatre dents *canines*, longues et fortes; des pieds terminés par plusieurs doigts pourvus d'ongles. Les deux principales familles de cet ordre sont les *félins* (chats grands ou petits), aux pattes armées d'ongles rétractiles, animaux presque toujours nocturnes et très féroces. A cette famille appartiennent les lions, les tigres, les panthères, les chats domestiques, etc., etc.

La famille des *chiens* (canidés) se distingue par ses ongles non rétractiles. Elle comprend, outre le chien : le loup, le renard, le chacal, etc.

L'ordre des *ruminants* est un des plus nombreux et des plus intéressants. Ces animaux sont ainsi nommés à cause de la conformation de leur estomac. (Nous en donnerons l'explication à l'enfant dans la période élémentaire.) Leur mâchoire, dépourvue de dents canines, est attachée de manière à permettre un mouvement latéral pour la trituration des aliments. Ils se distinguent facilement des autres herbivores par la forme de leur pied divisé, fendu en deux parties.

L'ordre des *jumentés* comprend le cheval, l'âne, l'hémione, le zèbre, etc. Leur sabot est d'une seule pièce. On les a longtemps réunis avec d'autres groupes sous le nom de *pachydermes*, c'est-à-dire animaux à peau épaisse; mais cette dénomination trop générale a été abandonnée.

Le rhinocéros appartient à cet ordre, ainsi que plusieurs autres animaux dont nous n'avons pas à nous occuper encore.

Nous réunissons donc cette année les ruminants et les jumentés sous la dénomination d'*herbivores*.

L'ordre des *rongeurs* se fait remarquer par des dents *incisives* longues et fortes. Comme les herbivores et pour la même raison, ils n'ont point de canines. Ces animaux ont aux pieds des ongles quelquefois très aigus. Outre le lapin, le lièvre, le rat et la souris, que nous citons à l'enfant, cet ordre contient les écureuils, les castors, les marmottes, etc., etc.

Les Oiseaux.

Les *oiseaux* (seconde classe des vertébrés) ont comme les mammifères quatre membres, dont les deux *antérieurs* sont modifiés dans leur forme pour constituer les *ailes*. Ces animaux ont tous des plumes. Leur sang est chaud ; ils respirent par des poumons, et sont *ovipares*.

Six ordres forment cette classe : les *rapaces*, les *grimpeurs*, les *passereaux*, les *gallinacés*, les *échassiers* et les *palmipèdes*. Nous n'en citons que trois pour le moment, et nous choisissons les espèces les mieux connues de l'enfant.

Les *passereaux*, oiseaux de petite taille, presque tous chanteurs, légers au vol, non pourvus de *serres*, quelques-uns voyageurs : moineaux, hirondelles, rossignols, fauvettes, pinsons, etc., etc. Ils se nourrissent d'insectes, et de graines à l'occasion.

Les *gallinacés*, gros oiseaux lourds au vol, ont pour type le coq, ils nichent presque tous à terre. Coq et poule, dindon, paon, pintade, perdrix, faisans, etc.

Les *palmipèdes*, tous aquatiques; pieds palmés pour la natation, plumes grasses qui les préservent du contact de l'eau; cou généralement long, bec souvent aplati : canard, oie, cygne; — oiseaux de mer : mouette ou goëland, pélican, manchot, etc., etc.

Les Reptiles.

La troisième classe des vertébrés est celle des *reptiles*. Ces animaux respirent par des poumons. Leur sang est froid. Ils sont *ovipares* ou *ovovivipares*. Peau écailleuse. Cette classe comprend trois ordres :

1° Les *sauriens*, dont le type est le *lézard*. — Crocodiliens rattachés provisoirement à cet ordre.

2° Les *ophidiens* ou serpents, dépourvus de pattes. Ils se divisent en serpents non venimeux dont la *couleuvre* est le type, et serpents venimeux tels que la *vipère*.

3° Les *chéloniens* ou *tortues*, recouverts d'une carapace formée par l'extension des os des côtes, et revêtue de plaques écailleuses.

Les Batraciens.

La quatrième classe des vertébrés, celle des *batraciens*, autrefois réunie aux *reptiles*, en a été séparée à cause des métamorphoses que ces animaux subissent. Nés sous la forme de *têtards*, ils respirent par des *branchies* pendant la première période de leur vie (voyez les poissons); et pendant la seconde, devenus animaux parfaits, ils respirent par des *poumons*. Leur sang est froid. Peau non écailleuse. Ovipares — Grenouilles, crapauds, salamandres, etc.

Les Poissons.

La cinquième et dernière classe des vertébrés est celle des *poissons*. Leurs os, fins, longs, élastiques, et quelquefois mous, se nomment vulgairement *arêtes*. Leurs membres sont modifiés en *nageoires*. Ils ont des *branchies* et respirent l'air dissous dans l'eau, ainsi que nous l'expliquerons plus tard. Leur sang est froid, leur peau couverte d'écailles. Ils sont ovipares. D'ici à longtemps nous n'avons pas à nous occuper de leur classification.

Les Insectes.

Dans l'embranchement des *annelés* nous ne nous occupons cette année que des *insectes*, petits animaux presque tous pourvus d'ailes, ayant tous six pattes (au moins sous leur dernière forme), et le corps divisé en trois parties bien distinctes : la tête, le thorax ou corselet, auquel les pattes sont attachées, et le ventre ou abdomen. Presque tous subissent des métamorphoses. Ils respirent par des *trachées*.

Cette classe d'êtres organisés est extrêmement riche en subdivisions; elle contient un nombre immense d'espèces et de variétés. Nous en donnerons plus tard les grandes divisions; bornons-nous quant à présent à quelques notions touchant les espèces les plus remarquables, en les englobant sous la dénomination très générale d'*insectes*. Un grand nombre de préjugés ayant cours relativement à l'organisation et aux mœurs fort intéressantes de ces animaux, nous croyons utile d'entrer ici dans quelques développements sur les espèces citées dans le livre de l'élève.

Les papillons (*lépidoptères*) sont les plus brillants des insectes, ceux dont l'histoire est la plus merveilleuse. — Si nous employons ici le mot de *merveilleux*, nous nous obligeons à le définir. Pour les ignorants, une *merveille*, un phénomène, sont des choses qui étonnent, surprennent, paraissent en opposition avec les faits ordinaires. Pour celui qui sait, ces merveilles et ces phénomènes sont familiers; il les connaît en détail, il les a compris par l'observation des faits analogues. La surprise et l'étonnement n'existent pas pour lui, mais l'admiration demeure; elle est même plus profonde chez le savant, parce qu'il reconnaît ces mêmes phénomènes comme appartenant à l'ordre de la nature. Or s'il est une chose digne d'admiration et vraiment merveilleuse, c'est l'ordre, l'*harmonie* universelle, et non l'incohérence ou le disparate et la contradiction. Que nos lecteurs nous pardonnent cette digression, mais puisque leur mission est d'enseigner entre autres choses l'usage et la valeur des mots, nous serons parfois conduits à faire des réflexions de ce genre.

Parmi les insectes, les papillons sont les plus exposés à devenir victimes de la curiosité enfantine. Enseignez à vos élèves à respecter ces frêles créatures, si gracieuses, si richement vêtues, qu'on a pu les nommer « des fleurs vivantes ». La vraie manière de les observer, de les contempler dans toute leur beauté, c'est de s'en approcher avec précaution lorsqu'ils sont posés sur des fleurs, ce qui n'est pas aussi difficile qu'on pourrait le penser.

Les *métamorphoses* (ou *transformations*; ces deux mots viennent l'un du grec, l'autre du latin, et sont synonymes), les métamorphoses des papillons sont un des plus intéressants phénomènes qu'on puisse faire observer aux enfants. Ce n'est pas que le plus grand nombre des insectes (et même d'autres animaux) ne *subissent* aussi des métamorphoses, mais c'est dans les papillons qu'elles sont le plus remarquables. Au sortir de l'œuf, l'insecte est une *chenille* nue ou pourvue de poils. Quoique l'animal soit alors loin de la beauté qu'il devra revêtir plus tard, il faut réagir contre le préjugé vulgaire qui attribue la laideur à la chenille. Généralement les chenilles ne sont pas laides, tant s'en faut; leurs poils sont quelquefois teints des plus vives couleurs, des nuances les plus veloutées. Les enfants montrent souvent pour les chenilles une répulsion mêlée de frayeur; c'est une impression ridicule qu'il faut leur apprendre à surmonter, et surtout qu'il ne faut pas leur communiquer par l'exemple. Chaque espèce vit exclusivement sur certaines plantes; les papillons sont doués d'un instinct qui leur fait rechercher, pour déposer leurs œufs, la plante dont se nourriront les petites chenilles qui doivent en sortir; ce trait d'instinct est assurément remarquable.

Les chenilles, avant de devenir papillons, passent par l'état de *chrysalide*, et demeurent à peu près immobiles sous cette forme, jusqu'au moment de leur transformation définitive. Certaines chenilles avant de se changer en chrysalides s'enveloppent d'un fil extrêmement délié, dont elles forment un *cocon* ovoïde (en forme d'œuf, *ovum* en latin). Telles sont en particulier les chenilles dites : *vers à soie*. La *soie*, avant de prendre la forme de fil, est une liqueur gluante, extraite de la feuille dont la chenille s'est nourrie, et qu'elle fait sortir par le trou d'une *filière*, appareil spécial situé sous la bouche de l'animal. En arrivant au contact de l'air cette liqueur se durcit, et prend la forme d'un fil. L'animal s'en fait une demeure en le déroulant et l'attachant en tous sens autour de lui. Le ver à soie ou *bombyx* se nourrit principalement de la feuille du mûrier. Il peut être *élevé* dans tous les pays où le mûrier prospère. Il est connu en *Chine* depuis une antiquité fort reculée. Dans le midi de l'Europe, en France, par exemple, dans nos provinces méridionales, l'industrie *séricicole* (*culture* de la soie) est importante. L'endroit où l'on nourrit les vers à soie est appelé *magnanerie*, du nom de *magnans* donné autrefois à ces insectes.

Les cocons, déposés dans de l'eau chaude, sont ensuite dévidés comme des *pelotons*. Les fils réunis de plusieurs cocons forment un *brin utile* auquel on donne le degré de torsion convenable à sa destination. Plusieurs chenilles analogues au ver à soie se nourrissent des feuilles du ricin, du chêne, et fournissent aussi une soie textile.

Nous n'entrerons pas dans le détail de l'exploitation du ver à soie, parce que, dans les départements du Midi où il convient de donner à l'enfant des notions un peu étendues sur cette industrie, les maîtres ne manquent pas de renseignements; ailleurs ils pourront se borner à une indication sommaire.

Parmi les papillons on distingue les papillons *diurnes*, revêtus des plus brillantes couleurs; les *crépusculaires*, ordinairement moins beaux, et les *nocturnes*, de couleur encore plus terne, variant généralement du blanc au brun noir. Ces derniers sont plus ou moins velus, ont les mouvements moins légers et moins capricieux que les papillons diurnes. Arrivé à l'état d'*insecte parfait*, le papillon ne mange plus : il ne se nourrit que du *nectar* (mot grec), liqueur sucrée qui se forme dans le calice des fleurs, et qu'il suce à l'aide d'une trompe déliée.

Ainsi font encore les *abeilles*, insectes de l'ordre des *hyménoptères*, c'est-à-dire à ailes membraneuses. Le miel qu'elles recueillent dans les fleurs leur sert d'aliment ainsi qu'à leurs *larves*, c'est-à-dire aux *vers* qui éclosent de leurs œufs. Les travaux des abeilles sont très connus. Elles ont une *organisation* qu'on s'est plu à trouver *admirable*. Cette organisation est en effet une chose fort curieuse à observer..., mais si on voulait y trouver un sujet d'édification, on serait dans une étrange erreur. L'instinct de l'abeille, merveilleux au point de vue industriel, est loin de pouvoir servir d'exemple sous le rapport moral et social. La production *voulue* d'abeilles *neutres*, la manière dont celles-ci réduisent le nombre des femelles supplémentaires, des *larves* superflues, et des *mâles*, fait penser à certaines républiques antiques qui nous présentent, au point de vue humain, le plus hideux spectacle qu'on puisse imaginer. Nous respectons infiniment les œuvres de la nature, et nous n'accuserons pas les abeilles d'actes instinctifs dont elles ne sont pas plus responsables que les lions et les tigres de leur appétit carnassier; mais nous voudrions qu'on renonçât à la manie traditionnelle de proposer l'association exclusivement et brutalement utilitaire des *abeilles* comme l'idéal de l'organisation sociale.

Les bourdons, les guêpes, les frelons, sont des insectes très voisins de cette *mouche à miel*.

A côté des abeilles se placent les *fourmis*. Les deux sexes, dans ces animaux, sont pourvus d'ailes : les neutres ou ouvrières n'en ont pas. L'instinct de prévoyance attribué aux fourmis repose sur une erreur d'observation ; les fourmis demeurent engourdies pendant l'hiver, elles ne mangent pas ; elles ne font donc pas de provisions. Certaines fourmis sont douées d'un instinct étrange : celui de ravir et d'élever des *pucerons* près de leurs fourmilières, afin de sucer un suc qui coule du corps de ces petits animaux. Les fourmis ouvrières nourrissent avec soin cette sorte de *bétail*. D'autres espèces ont un instinct plus étrange encore. Incapables d'exécuter elles-mêmes leurs travaux domestiques (soin des œufs, construction de la fourmilière), elles font invasion chez certaines autres espèces, dont elles enlèvent les *ouvrières* pour s'en faire des *esclaves*. Ces esclaves exécutent tous les travaux de la colonie, tandis que leurs conquérants ne se distraient de l'inaction que par la guerre. Certaines fourmis *esclavagistes* poussent l'indolence jusqu'à se faire porter elles-mêmes par leurs *esclaves* lorsqu'elles jugent à propos d'émigrer pour aller s'établir ailleurs. Cet instinct étrange, la science le constate sans l'apprécier; mais en ceci encore vous voyez combien les *fourmis* et leur organisation sont peu propres à nous servir de modèle.

Nous citons à nos petits élèves les *hannetons*, les *coccinelles*, comme exemple de l'ordre des *coléoptères*, insectes pourvus d'ailes-étuis nommées *élytres*, destinées à abriter les ailes membraneuses.

Dans l'ordre des *diptères*, insectes pourvus de deux ailes seulement, tandis que ceux des ordres précédents en ont quatre, nous citons les mouches, les cousins.

Les puces sont un exemple de l'ordre des *aptères*, c'est-à-dire des insectes *privés* d'ailes.

Faites connaître aux enfants les faits les plus saillants relatifs à diverses espèces, sans entrer cette année dans la nomenclature des *ordres*.

RÈGNE VÉGÉTAL.

La vie des plantes.

La seconde branche de la série organique contient les végétaux. Laissant provisoirement de côté la classification scientifique, nous nous bornons à intéresser l'enfant à l'observation des plantes, à lui décrire leurs principaux organes, à lui en enseigner les fonctions.

La *racine*, organe de nutrition, assure la stabilité du végétal, et aspire les liquides qui concourent à le nourrir.

Le suc nourricier des végétaux est la *séve:* nous donnerons plus tard quelques détails sur sa circulation et son rôle.

La *tige* supporte les branches, les rameaux, les feuilles, et fournit à la séve les canaux par lesquels elle monte dans les branches. Les tiges sont ligneuses ou herbacées. Les grosses tiges ligneuses sont nommées *troncs*. La tige herbacée des graminées (blé, orge) est creuse et se nomme *chaume*.

Les branches, les rameaux, supportent les bourgeons. — Les bourgeons donnent naissance aux feuilles.

La *feuille* est l'organe *respiratoire* spécial de la plante ; en d'autres termes, la plante respire spécialement par les feuilles ; nous donnerons plus tard cette notion à l'enfant. Faites caractériser par un qualificatif la forme de différentes feuilles que vous présenterez.

La *fleur* est l'ensemble des organes de la fructification ; elle sert à la formation de la graine. Les principales parties de la fleur sont : le *calice*, sorte de *coupe* comme l'indique son nom, première enveloppe de la fleur ; la *corolle*, seconde enveloppe qui protège les organes de la fructification : c'est cette partie de la fleur qui ordinairement est ornée de vives couleurs. Les parties de la *corolle* vulgairement appelées « feuilles de la fleur » se nomment *pétales*. Les *étamines* et le *pistil* ont pour fonction de préparer la formation du fruit; enfin l'*ovaire*, au centre de la fleur, contient les graines qui doivent plus tard briser cette enveloppe, tomber sur la terre, y germer, y prendre racine, et reproduire à leur tour la plante dont elles sont issues. L'ovaire mûri, avec les graines qu'il contient, est à proprement parler le *fruit*, quoique nous n'accordions d'ordinaire ce titre qu'aux fruits *charnus* dont nous tirons parti pour notre nourriture.

Quand on dépose dans la terre un fruit tout entier, les graines qu'il contient germent, et la substance qui les entoure se décomposant sert d'*engrais* à la plante naissante.

Faites remarquer et admirer aux enfants cette *pousse* si délicate, si frêle, qui doit se développer et grandir, devenir un arbre fier et vigoureux, si telle est sa nature, ou une belle plante qui portera mille fleurs gracieuses.

Utilité des plantes.

La distinction des plantes en plantes alimentaires, textiles, etc., telle que nous la faisons faire aux enfants, n'est pas le moins du monde une classification; ce n'est qu'un groupement fait au point de vue pratique et sans caractère scientifique.

Parmi les plantes qui servent à notre nourriture il faut placer au premier rang les *céréales*, au second, les plantes vulgairement connues sous le nom de légumes. — La culture de ces diverses plantes constitue un ensemble de travaux intéressants au plus haut degré pour les enfants. Cette série de travaux suffisamment connue de tous nos lecteurs doit être présentée sous forme de tableaux animés et variés. — Le labourage. La charrue et son attelage. Les animaux, compagnons et serviteurs de l'homme, l'aidant en ses travaux. La fumure des champs, le hersage. Les semailles. Le blé, l'épi, le grain, le chaume et ses usages. La récolte, les moissonneurs dans les champs. Le battage au fléau, l'aire, les batteurs, la paille. Le vannage.

La mouture du blé : le moulin à eau et l'étang, le moulin à vent sur la hauteur. Farine et *son*, leurs usages. Le pétrissage, la pâte. La cuisson du pain. Le four au village[1].

Autres céréales : orge, seigle, avoine, etc.

Les plantes fourragères : prairies naturelles, foin Coupe et récolte des foins. — La grange. Prairies artificielles. Fourrages : trèfle, luzerne, vesce, etc.

Les plantes textiles. Chanvre, lin. Rouissage du chanvre et du lin. *Broyage* et peignage. — Filasse. Ce qu'on appelle un *fil*; d'où vient le mot *filer* (mettre sous forme de fil). Fuseau. Rouet. Ce qu'on appelle une filature. Métier à tisser simple. — Navette. Tissu, toile ; montrer le croisement des fils dans un tissu. Fabrication des ficelles et des cordes par la torsion.

Plantes médicinales et vénéneuses. Le rapprochement que nous faisons des plantes vénéneuses et des plantes médicinales est parfaitement justifié : presque tous les remèdes *actifs* sont des *poisons*, et l'on peut

---

1. *Histoire du blé*, 1 vol. illustré, correspondant à six grandes images coloriées.

dire qu'il n'est pas de poison qui ne soit employé par la médecine allopathique ou homœopathique. Ce fait s'explique aisément : du moment qu'une substance exerce une action énergique sur l'organisme, on comprend que cette action puisse être salutaire ou funeste suivant les circonstances, la *préparation*, la *dose*. Expliquer ce que c'est qu'un *poison*. Les plantes vénéneuses sont quelquefois communes dans les champs: les enfants, ceux des villes surtout lorsqu'ils vont à la campagne, sont portés à goûter certaines herbes; il peut se rencontrer que ces plantes soient vénéneuses. Prévenez vos élèves de ce danger. Les champignons doivent être rangés parmi les plantes les plus suspectes.

Utilité spéciale de certains arbres. La vigne. — Fabrication du vin. Pommier. — Fabrication du cidre. Olivier. — Extraction de l'huile.

Faites connaître aux enfants ce que c'est qu'une *forêt*. Ce sujet est très propre à les intéresser. Une telle description doit être pittoresque et former un tableau dans leur imagination. Ne craignez pas de faire une description frappante, tout en écartant ce qui pourrait exciter chez vos élèves l'impression de la *peur*. Expliquez ce que c'est qu'une *futaie*, un taillis, une clairière, une *laie*. Ce qu'on appelle le *couvert*. — Bêtes fauves. — Loups, renards.

Utilité des forêts pour la production du bois. — Le *bûcheron*. Comment on transporte le bois sur les rivières. Bois flotté. Traïns de bois descendant les cours d'eau : sorte de radeau composé de troncs d'arbres attachés ensemble, que l'on abandonne au courant. — Le charbon.

L'influence utile des forêts, et funeste du déboisement, sur le climat d'une contrée, l'importance des bois pour la distribution des eaux, doivent être réservées pour plus tard, mais l'instituteur ne doit pas les perdre de vue, car c'est une connaissance qu'il importe de répandre.

Faites comprendre aux enfants autant qu'il est en eux la richesse, la diversité, la beauté du règne végétal. Montrez-leur que la végétation s'étend partout; dites-leur que chaque plante est organisée en harmonie avec les conditions et le milieu de son existence. Tout cela peut être mis à la portée des enfants, si les maîtres savent parler le langage qui convient à cet âge.

RÈGNE MINÉRAL.

En tant que masse inerte, le minéral est peu propre à exciter l'attention des enfants. Il faut donc présenter, à l'aide d'un petit artifice de forme, les notions premières que nous voulons dès à présent leur donner, afin qu'ils soient amenés à s'y intéresser. C'est ce que nous avons essayé de faire dans le petit livre de l'élève. Les bornes restreintes que nous devions nous imposer nous ont obligés à nous en tenir au résumé le plus élémentaire. L'instituteur, disposant du temps et des facilités qu'offre la parole, pourra aller un peu au delà, s'il le juge à propos; nous l'y engageons même, et c'est pour lui épargner du temps et des recherches que nous lui remettons ici sous les yeux le recensement très rapide des notions qui peuvent servir de matériaux à ses leçons.

1° Pierres usitées dans les constructions :

Granit, Porphyre : roches très dures pouvant être taillées et polies. Le granit grossier sert de moellon à bâtir. Le grès.

Pierre calcaire à bâtir. Les variétés les plus compactes et les plus fines, appelées *tufs*, servent aux sculptures des façades, etc. Marbres divers : pierres calcaires à grain fin, pouvant recevoir un beau poli; couleurs extrêmement variées. Servent à la statuaire, à l'ornement.

Pierre à chaux (calcaire). — Cuisson de la chaux dans un four spécial appelé *four à chaux;* elle doit atteindre la chaleur du *rouge vif*. On emploie pour cuire la chaux des fagots, des bourrées de bois, du charbon de terre. La chaux est très avide d'humidité; quand on la mélange avec l'eau elle s'échauffe considérablement, fait *effervescence*, et l'eau devient bouillonnante; c'est ce qu'on appelle *éteindre* la chaux. La chaux éteinte forme alors une pâte blanche qui doit être mélangée au sable pour composer le mortier. La qualité de la chaux varie suivant la pierre dont elle provient. — La chaux est employée dans la construction, et aussi en agriculture comme amendement.

Gypse, ou pierre à plâtre (pierre analogue aux calcaires). Pour faire le *plâtre* on cuit le gypse, ou pierre à plâtre, comme la pierre à chaux; seulement il faut une chaleur beaucoup moindre. — Le plâtre dans son mélange avec l'eau s'échauffe moins que la chaux; il forme une pâte qui s'épaissit très rapidement, et qu'il faut employer au plus vite. Faire ce mélange se nomme *gâcher le plâtre*. — Pour *couler* en plâtre les statues, les ornements, on verse le plâtre gâché très liquide dans un *moule* convenablement préparé; et quand il est *pris*, c'est-à-dire solidifié, on retire l'objet du moule.

Ardoise : pierre feuilletée, son usage.

Sable. C'est une roche réduite en parcelles par certains agents naturels, tels que l'air et l'eau, puis portée par les vents ou déposée par les eaux. Le sable des rivages de la mer provient de la *désagrégation* de roches *granitiques* et autres analogues.

2° Terres à poteries :

L'argile, comme le sable, est un produit de la décomposition des roches, mais elle n'a pas la même composition que le sable, et ses particules sont plus *ténues*, plus fines. L'argile sert à faire les poteries.

La porcelaine est faite avec une argile extrêmement fine et pure appelée *kaolin*. Avec les argiles grossières, on fait les vaisselles dites de *grès*; la faïence, les poteries communes; l'argile mélangée de sable ne peut servir qu'à faire de la *brique*, des *tuiles*, des carreaux, etc. Procédé général de fabrication : on mélange l'argile avec une certaine quantité d'eau, on la pétrit, puis on lui donne la forme à l'aide d'outils convenables, du *tour*, et surtout avec les doigts. Ensuite on fait sécher les poteries à l'air d'abord, puis on les fait cuire dans un four convenablement disposé. Pour les poteries vulgaires le four est construit très simplement. — La brique se cuit dans un four semblable à un four à chaux.

La *terre végétale* est de l'argile mêlée de sable et de débris de végétaux.

3° Minerais métalliques :

Ils offrent l'apparence de *roches*, de pierres ressemblant très peu, ou même ne ressemblant aucunement au métal qui en sortira. Leur extraction est accompagnée de longs et difficiles travaux. Le feu est le principal agent employé à extraire le métal. — Une fois le métal extrait il faut le soumettre à diverses opérations pour lui donner la forme des objets dont nous avons besoin. Les deux procédés principaux sont le *coulage* ou *fusion*, et le travail à la *forge*.

Le minerai ne se rencontrant pas généralement à la surface de la terre, il faut, pour le trouver, creuser profondément le sol sur certains indices que les hommes spéciaux savent apprécier. Une *fouille* profonde destinée à l'exploitation du *minerai* se nomme une *mine*. Il y en a de deux sortes. La première est une simple *excavation à ciel ouvert*, c'est une carrière; la seconde, la mine proprement dite, consiste en un ou plusieurs *puits* creusés dans les profondeurs de la terre pour atteindre le *gîte métallifère*, c'est-à-dire le lieu profond où est enseveli le minerai. Ces puits sont reliés par des *galeries* d'exploitation résultant de l'enlèvement du minerai.

HISTOIRE NATURELLE, 289

L'exploitation des mines offre un intérêt considérable à tous les points de vue : leur description et l'explication des procédés d'*extraction* et de *traitement* (travail) du minerai, forment un sujet extrêmement pittoresque et instructif; nous y reviendrons plus tard. Pour le moment bornons-nous à une indication sommaire; faisons du moins en sorte que les enfants, en entendant répéter cette phrase banale : « les métaux se trouvent dans la terre, » ne soient pas tentés de s'imaginer que les *métaux tout formés* et même tout *façonnés* se rencontrent dans les champs en *labourant* le sol....

4° Minéraux combustibles :

Le seul combustible minéral qui doive attirer notre attention cette année, c'est le *charbon de terre* (houille); ses procédés d'extraction sont semblables à ceux qu'on emploie pour l'extraction des minerais métalliques, à quelques détails près. — Si vous habitez un pays où il y ait des *tourbières*, dites à l'enfant: un mot de la *tourbe*, matière combustible formée en des lieux humides par l'accumulation des débris de certains végétaux.

5° Le sel commun :

Le *sel* est le type primitif d'une série nombreuse de substances que les chimistes nomment *les sels*. Montrez le sel, expliquez ses usages. Condiment précieux pour la nourriture de l'homme et des animaux; moyen de conservation pour les substances alimentaires : viandes, poissons salés. L'eau des mers appelée eau salée contient beaucoup de sel. C'est parce qu'on l'extrait principalement des eaux de la mer que le sel se nomme *sel marin*. En recueillant ces eaux et les faisant évaporer, soit par le feu, soit au soleil, l'eau disparaît et le sel demeure. Dans un grand nombre de contrées il existait autrefois des lacs salés et profonds, qui se sont desséchés en laissant leur sel dans la terre. Il y en a d'immenses dépôts en France et dans toutes les parties du monde. On exploite ces dépôts sous le nom de mines de *sel gemme*, c'est-à-dire de sel ayant l'apparence d'une pierre, d'une *roche* dure et cristalline.

L'enseignement des notions qui se rattachent à l'histoire naturelle devant se faire cette année sous la forme orale, et être accompagné de la présentation, ou tout au moins de la représentation des objets dont on parle, les maîtres devront songer à se procurer le matériel indispensable. Pour le règne animal il faut souvent se contenter de dessins. Choisissez-les de dimensions un peu grandes, coloriés s'il se peut, et les meilleurs possibles. On dit trop souvent : « Ceci est assez bon pour des enfants ! » Grave erreur ! Les enfants ne sauraient voir de trop bons modèles en tous genres, car c'est d'après leurs premières *impressions* que se forment leur goût et leurs habitudes. Rejetez donc ces affreuses caricatures plaquées de couleurs fausses et criardes, qui induisent l'œil en erreur et pervertissent le goût naturel du vrai et du beau. — Certains objets provenant du règne animal peuvent être facilement recueillis et servir aux leçons de choses.

Quant au règne végétal, vous pourrez utiliser les plantes qui se trouvent à votre portée ; ayez soin, autant que possible, qu'elles soient fraîchement cueillies.

Enfin, pour le règne minéral, il suffira à la rigueur que les maîtres recueillent autour d'eux quelques fragments des pierres que nous désignons : du sable, une ardoise, de la chaux vive, etc., etc. Cependant, les substances même les plus vulgaires ne se trouvent pas toujours sous notre main au moment voulu ; il arriverait parfois aux maîtres de se trouver dans l'embarras. C'est pour obvier à cet inconvénient que nous avons dressé une petite collection spéciale à l'usage des écoles primaires. Cette collection, faite à un point de vue pratique et *technique*, suffit non-seulement à l'enseignement de cette première année, mais encore à celui des années suivantes ; elle est accompagnée d'un texte explicatif, suffisamment explicite pour fournir à l'instituteur les matériaux de son enseignement.

Pour épargner les recherches et simplifier la préparation des leçons, nous donnons ici une liste des objets qu'on peut se procurer le plus facilement. A cette liste nécessairement bien incomplète, chaque instituteur ajoutera ce que lui suggérera son inspiration personnelle, et les ressources de sa localité.

**Liste d'objets divers
pour servir à l'enseignement élémentaire.**

RÈGNE ANIMAL.

Os (brut) ; objets façonnés ; ivoire.
Cordes à boyaux (instruments de musique).
Peaux : cuir, basane ; veau : livre relié en veau et en chagrin ; parchemin.
Fourrures diverses ; fragments de toisons.
Laine ; laine filée ; tissus de laine.
Feutre ; crin ; pinceaux.
Morceaux de baleines.
Corne brute ou façonnée.
Colle forte.
Plumes et duvet ; plumes à écrire.
Œufs de divers oiseaux ; nids.
Colle de poisson ; huile de poisson.
Écaille (écaille de tortue, objets d'écaille).
Coquilles diverses ; la nacre.

RÈGNE VÉGÉTAL.

Portion de racine.
Coupe d'une branche un peu grosse avec son écorce.
Rameaux ; feuilles de diverses formes.
Fleurs et fruits divers ; noyaux ; pepins ; graines de céréales et d'autres plantes ; glands, châtaignes, faînes, café, etc., etc.
Filasse ; tissus de chanvre et de lin ; corde.
Huiles ; vin ; cidre.

Gomme; résine; caoutchouc; camphre.

Morceaux de bois de diverses essences indigènes; d'essences étrangères : campêche, santal, ébène, acajou.

Tan ; noix de galle.

Tourbe.

Charbon de bois.

RÈGNE MINÉRAL.

Fragments de pierres diverses ; granit.

Pierre calcaire à bâtir; craie; marbre; pierre lithographique; chaux cuite.

Pierre à plâtre; plâtre cuit; statuette de plâtre.

Argile; poteries communes; faïence; grès; porcelaine.

Sable ; verre; ardoise; grès à aiguiser.

Minerais métalliques divers.

Charbons de terre; tourbe; coke ; goudron; bitume; luciline.

Soufre.

Sel; salpêtre; alun.

DE LA DIVISION DU TEMPS.

La période d'une année semble un siècle aux enfants; aussi, pour leur faire comprendre la valeur réelle de ces mots : *un an*, il faut faire appel à des souvenirs déjà lointains pour eux; leur rappeler ce qui a dû les frapper davantage, comme par exemple la succession des saisons. De là, nous concluons à l'année.

On peut faire de charmantes leçons sur les *saisons*, grâce à leurs tableaux si variés, et aux divers travaux agricoles qui les remplissent. Notre petit texte suffira pour guider l'instituteur des villes, moins familiarisé avec les travaux des champs. Faites apprendre de mémoire le nom des douze mois. — Sous le rapport des phénomènes *astronomiques* qui servent de base au calendrier, on devrait considérer le mois de mars comme appartenant plutôt à l'hiver qu'au printemps, puisque celui-ci commence le 21 mars seulement. Cependant, au point de vue ordinaire de la température, mars appartient au printemps plutôt qu'à l'hiver; de même décembre est plutôt un mois d'hiver qu'un mois d'automne, quoique la saison d'hiver ne commence *astronomiquement* qu'au troisième tiers de ce mois.

Vous pourrez de même parler avec un grand intérêt du lever du soleil (*aurore*), de la température plus élevée du milieu du jour, de la diminution de la chaleur et de la lumière vers le soir, quand le jour décroissant vient se fondre avec la nuit (*crépuscule*). Rappelez aux enfants les mots de *matin* et de *soir*, en leur faisant comprendre comment ils correspondent à l'aurore et au couchant; évoquez le souvenir de ce que vous avez dit ailleurs : c'est le soleil qui donne la lumière et *mesure* la durée du jour. — Le milieu du jour se nomme *midi* : ce mot est composé de la particule *mi* qui signifie *moitié* (mi-août, mi-partie, etc.), et le mot *di* (reste du latin *dies*, jour), que vous reconnaîtrez uni au nom des planètes dans les mots :

Lun-di (jour de la *Lune*),
Mar-di (jour de *Mars*),
Mercre-di (jour de *Mercure*),
Jeu-di (jour de *Jupiter*),
Vendre-di (jour de *Vénus*),
Same-di (jour de *Saturne*[1]).

Même observation à l'égard du mot *mi-nuit*. Il n'est pas nécessaire d'apprendre les étymologies des noms des jours de la semaine aux enfants; mais il est bon qu'ils connaissent la signification étymologique des mots *midi* et *minuit*.

Enseignez aux enfants à reconnaître l'heure sur le cadran des montres et pendules.

Récapitulation.

Il n'est peut-être pas d'expression à laquelle on ait imposé un aussi grand nombre d'acceptions diverses que ce mot de nature. Sans entrer dans les subtilités, les distinctions, les raisonnements qui ont été faits à ce sujet, définissons ici la Nature dans le sens le plus général : *l'ensemble des êtres et des choses;* ainsi, quand nous parlons des lois naturelles, des lois de la

---

1. Le mot *Dimanche* est un mot latin altéré (*Dies Dominica*), qui signifie, comme on sait, jour du Seigneur. Pour les anciens c'était le jour du *Soleil*.

nature, nous entendons les lois qui, dans l'ordre divin, régissent l'ensemble des êtres et des choses.

Nous faisons nous-mêmes partie *intégrante* de la *Nature :* considérer l'homme à part de tout le reste de l'univers, sans tenir compte des liens qui l'y rattachent, ce serait tomber dans une erreur toute semblable à celle de l'individu qui se considérerait comme existant à part du reste de l'humanité.

Enseigner à l'enfant à respecter, à admirer l'œuvre divine dans son ensemble et dans ses détails, telle doit être la préoccupation constante des instituteurs. Ces *maîtres* de l'enfance doivent saisir toutes les occasions qui se présentent pour inspirer aux âmes naïves, et faites pour le bien, tous les sentiments élevés et généreux dont le véritable sentiment religieux est le résumé et l'expression. Un enseignement qui ne serait pas, dans son ensemble, animé, éclairé par cette vue supérieure, demeurerait sans vie et sans résultats. Ce ne serait qu'une nomenclature et non un enseignement; un catalogue et non une œuvre.

FIN.

TABLE DES MATIÈRES.

AVANT-PROPOS ....

PREMIÈRE PARTIE.

PÉDAGOGIE.

I

De l'éducation considérée dans son ensemble.

                                                Pages.

CHAPITRE Ier. Exposé des principes.
- I. Nécessité de fixer son point de départ. 1
- II. Du développement naturel de l'être .. 3
- III. Du rôle de l'éducation................. 5
- IV. De la culture des facultés et des instincts. 7
- V. De la culture des facultés (en général). 13
- VI. De la culture du jugement........... 15
- VII. De la culture de la mémoire......... 17
- VIII. De la culture de l'imagination. 18
- IX. Du sens moral........................ 20
- X. Conclusion........................... 23

CHAPITRE II. Examen des anciennes méthodes.
- I. Opportunité d'un examen impartial... 25
- II. Inconvénients des méthodes fragmentaires.......................... 26

			Pages.
	III.	Danger des procédés compressifs...	28
	IV.	Insuffisance des matières enseignées..	33

CHAPITRE III. De la méthode en éducation.

	I.	De l'enseignement oral et expérimental.	37
	II.	Du livre classique et des devoirs......	41
	III.	De l'ordre et de la discipline.........	43
	IV.	Du choix des procédés...............	46

II

Des matières de l'enseignement dans la période élémentaire.

Considérations préliminaires............................ 49
CHAPITRE Iᵉʳ. De l'enseignement religieux................ 51
— II. De l'étude de la grammaire................ 54
— III. De l'étude des éléments d'arithmétique....... 58
— IV. De l'étude des éléments de géométrie appliquée, et de dessin linéaire........ 62
— V. De l'étude de la géographie................ 66
— VI. De l'étude des sciences naturelles........... 69
— VII. De l'enseignement de l'histoire............. 73

III

Des procédés et de l'organisation de l'enseignement, spécialement dans les petites classes.

CHAPITRE Iᵉʳ. De la leçon de choses.

	I.	Ce que c'est que la leçon de choses...	75
	II.	Plan et marche d'une leçon de choses.	79
	III.	Choix des sujets....................	82
	IV.	Préparation de la leçon..............	85
	V.	Exemple d'une leçon de choses......	88

		Pages.
Chapitre II.	Des exercices manuels et des jeux	102
— III.	Des récompenses et des punitions	107
— IV.	De l'influence mutuelle (les petites familles)	114
— V.	De la division du temps	121
— VI.	De la progression dans l'enseignement	128

DEUXIÈME PARTIE.

GUIDE PRATIQUE

Du cours de première année.

Observation préliminaire		147
Chapitre Ier.	De l'enseignement de la lecture.	
	I. Procédé phonomimique	150
	II. Pratique du procédé phonomimique	158
Chapitre II.	Petites lectures morales	185
— III.	Premières notions de grammaire	195
— IV.	De l'écriture	203
— V.	Premières notions d'arithmétique	208
— VI.	Premières notions de géométrie pratique	225
— VII.	Premières notions de système métrique	244
— VIII.	Premières notions de géographie	248
— IX.	Premières notions d'histoire naturelle	256
	Causerie préliminaire	260
	Règne animal	292
	Règne végétal	292
	Règne minéral	293
	De la division du temps	293

FIN DE LA TABLE.

Typographie Lahure, rue de Fleurus, 9, à Paris.

www.ingramcontent.com/pod-product-compliance
Lightning Source LLC
Chambersburg PA
CBHW071302160426
43196CB00009B/1385